Reflexionsmethoden
in der Praktikumsbegleitung

AF223192

Waxmann Verlag GmbH
Steinfurter Straße 555, 48159 Münster
info@waxmann.com

LEHRERINNENBILDUNG GESTALTEN

Hrsg. vom
Zentrum für LehrerInnenbildung
der Universität zu Köln

Band 2

Wie die Schule so ist auch das Feld der (Aus-)Bildung von Lehrerinnen und Lehrern in Bewegung und in einem tiefgreifenden Wandlungsprozess begriffen. Die Einsicht in die Heterogenität der Lernvoraussetzungen und Bildungsbedingungen auf Seiten der Schülerinnen und Schüler ist gestiegen und erfordert eine Organisation der (Aus-)Bildung, die fachliche, fachdidaktische und bildungswissenschaftliche Wissensbestandteile stärker aufeinander bezieht und zu einem professionellen Habitus zusammenbinden lässt. Damit verbunden ist die Notwendigkeit, die Praxisphasen als roten Faden über die Ausbildungsphasen hinweg zu gestalten und die Kooperation der unterschiedlichen Akteure der grundständigen Bildung, des Vorbereitungsdiensts und der Fortbildung zu stärken. Die seit langem bekannte Forderung nach einer gelingenden Theorie-Praxis-Verzahnung ist in den letzten Jahren in eine neue Dynamik geraten und verlangt nach einem Ausbau wie auch neuen Akzentuierungen in der bildungswissenschaftlichen und fachdidaktischen Forschung, um Unterrichts- und Schulentwicklung zu begleiten und zu unterstützen.

Die Reihe LEHRERINNENBILDUNG GESTALTEN setzt an diesem Entwicklungsprozess an und präsentiert Beiträge, die die Herausforderung einer neuen und innovativen (Aus-)Bildung von Lehrerinnen und Lehrern aktiv aufgreifen und Impulse für deren weitere Entwicklung setzen.

Dirk Rohr, Annette Hummelsheim,
Meike Kricke, Bettina Amrhein (Hrsg.)

Reflexionsmethoden in der Praktikumsbegleitung

Am Beispiel der Lehramtsausbildung an der Universität zu Köln

Waxmann 2013
Münster / New York / München / Berlin

Bibliografische Informationen der Deutschen Nationalbibliothek
Die Deutsche Nationalbibliothek verzeichnet diese Publikation in
der Deutschen Nationalbibliografie; detaillierte bibliografische
Daten sind im Internet über http://dnb.d-nb.de abrufbar.

LEHRERINNENBILDUNG GESTALTEN, Band 2

ISSN 2194-8429
ISBN 978-3-8309-2779-2

© Waxmann Verlag GmbH, 2013
Postfach 8603, 48046 Münster
Waxmann Publishing Co.
P.O. Box 1318, New York, NY 10028, USA

www.waxmann.com
info@waxmann.com

Umschlaggestaltung: Anne Breitenbach, Tübingen
Satz: Stoddart Satz- und Layoutservice, Münster

Gedruckt auf alterungsbeständigem Papier,
säurefrei gemäß ISO 9706

Inhalt

Teil 3

Einleitung

Nicht selten werden Praxisphasen als das Kernstück der Lehrer/innen/bildung bezeichnet. Konsens herrscht mittlerweile auch darüber, dass sich die Qualität schulpraktischer Studien mit der Ausgestaltung reflexiver Elemente in Begleitveranstaltungen deutlich steigern lässt. Damit haben reflexive Prozesse gerade in den letzten Jahren eine entscheidende Bedeutung für den Professionalisierungsprozess angehender Lehrer/innen erlangt.

Aus professionstheoretischer Perspektive gelten antinomische Widersprüche als strukturelle Merkmale von Unterricht, die nicht einfach aufzulösen sind. Dabei sollte berufspraktisches Wissen nicht nur über die Vermittlung von Praxiserfahrung weitergegeben werden, da dies bei Studierenden häufig zur Erwartung führen kann, dass man es nur genau so machen muss, wie der erfahrene Praktiker / die erfahrene Praktikerin. Pädagogische Situationen zeichnen sich jedoch gerade nicht durch stabile, technologisch gestaltbare Verhältnisse aus. Als Lösungsansatz bot uns Donald Schön schon 1983 die Vision eines „reflective practitioner" an, der reflexiv auf Überraschungen reagieren kann.

Dabei spielt die biografische Selbstreflexion gerade im Professionalisierungsprozess angehender Lehrkräfte eine sehr entscheidende Rolle, denn sie dient der Bewusstwerdung von vergangenen Erfahrungen und daraus resultierenden subjektiven Deutungen und Konstruktionen von Zusammenhängen und Erklärungsmustern. Hier bringen Studierende langjährige und emotional hoch aufgeladene Erfahrungen mit, die unreflektiert als subjektive Theorien das pädagogische Handeln mitsteuern. Es ist ebenfalls unstrittig, dass diese Vertrautheit mit pädagogischen Situationen ein großes Hemmnis beim Aufbau von professionellen Handlungspraktiken sein kann. Daher ist die Auseinandersetzung mit eigenen und fremden Deutungsmustern, welche Entscheidungen beim Lehrer/innen/handeln unbemerkt beeinflussen können, ein zentrales Element reflexiver Praxisphasen-Begleitung.

Diese Publikation widmet sich daher der Frage, wie die Forderung nach Reflexivität in der Begleitung von schulischen Praxisphasen konkret umgesetzt werden kann. Das hier zusammengetragene Textmaterial ist im Rahmen der reflexiven Begleitung von Orientierungspraktika an der Universität zu Köln entstanden. Dabei zeichnen sich die Beiträge durch eine große Vielfalt in den Zugängen aus. Ebenfalls bringen die Autor/inn/en selbst sehr unterschiedliche berufliche Erfahrungshintergründe mit. Gemeinsam ist allen Textbeiträgen, dass sie anschaulich und sehr konkret aufzeigen, wie Reflexivität im Rahmen der Begleitung von Praxisphasen im Lehramtsstudium befördert werden kann. Die Beiträge lassen sich in drei Teile mit unterschiedlicher Schwerpunktsetzung bündeln:

Teil 1

Den ersten Teil des Buches bilden Texte zu Implementationserfahrungen mit reflexiven Elementen in der neuen Lehrer/innen/bildung. Die hier geschilderten Erfahrungen beschreiben, wie am Standort Köln versucht wird, mit Konzepten reflexiver Beratung im Rahmen der Praxisphasenbegleitung von Lehramtsstudierenden einen professionellen Habitus bereits in einer sehr frühen Phasen der Ausbildung anzubahnen.

Annette Hummelsheim und Dirk Rohr beschreiben die Rahmenbedingungen, die an der Universität zu Köln geschaffen wurden, um Reflexions- und Supervisionselemente in der ersten Phase der Lehrer/innen/ausbildung zu implementieren. Sie rekonstruieren den Prozess chronologisch und skizzieren exemplarisch, wie Veränderung stattgefunden hat.

Meike Kricke und Kersten Reich stellen das Kölner Portfoliokonzept innerhalb der reformierten BA/MA-Lehramtsausbildung in Kombination mit Lernteamarbeit in der Praktikumsbegleitung vor und gehen auf Reflexionselemente und Gelingensbedingungen ein. Zudem werden in diesem Artikel erste Erfahrungen mit der Portfolioarbeit in Form einer Erfolgs- und Wachstumsseite reflektiert.

Annette Hummelsheim zeigt verschiedene Dimensionen der Reflexion im Kontext der neuen Lehrer/innen/bildung auf. Sie entwirft einen idealtypischen Seminarverlauf zum Orientierungspraktikum. Thematisiert werden Übungen zur Selbsteinschätzung und Selbsterkundung, die Anbahnung von Selbstkompetenz, Sozialkompetenz, Systemkompetenz und Handlungskompetenz wird im Rahmen des Gesamtkonzepts entfaltet.

Bettina Amrhein und Meike Kricke stellen in ihrem Beitrag die Arbeit in einem lehramtsheterogenen Pilotseminar mit Blick auf Inklusion vor. Studierende aller Lehrämter absolvierten im Rahmen einer Begleitveranstaltung ein Praktikum im Gemeinsamen Unterricht (GU). Es wird konkret aufgezeigt, wie durch die eigene reflexive und portfoliogestützte Auseinandersetzung mit dem Thema der schulischen Inklusion schon zu einem sehr frühen Zeitpunkt der Ausbildung ein Professionalisierungsprozess in Bezug auf den Umgang mit Vielfalt in der Schule in Gang gesetzt werden kann.

Teil 2

Der zweite Teil des Buches beinhaltet „Werkstatteinblicke" in konkrete Umsetzungsszenarien verschiedener Reflexionsmethoden im Rahmen der Praxisphasenbegleitung im Orientierungspraktikum.

Alois Finke ist als Supervisor tätig und stellt in seinem Artikel „Erste allgemeine Verunsicherung" seine Erfahrungen innerhalb der Begleittätigkeit Lehramtsstudierender während des Orientierungspraktikums dar.

Birgitt Aldermann und Elke Barausch-Hummes stellen die Bedeutsamkeit von Feedbackmethoden innerhalb der Seminararbeit – auch für den Gedanken des Empowerments auf Studierendenseite – vor und beschreiben in ihrem Beitrag verschiedene Formen des Feedbacks anhand konkreter Umsetzungsmaterialien.

Ruth von Lillienskiold stellt an anschaulichen Beispielen dar, wie sie ihre Seminararbeit nach dem Modell von Themenzentrierter Interaktion (TZI) gestaltet. Die Bedeutsamkeit der Methode bzw. Haltung für die Lehrer/innen/bildung wird begründet, die Förderung der Kommunikationsfähigkeit anhand von Feedbacks der Studierenden nachgezeichnet.

Helga Daniels zeigt in ihrem Beitrag konkrete Übungen, die sie mit Studierenden durchführt, um ihnen ein Bewusstsein der eigenen körpersprachlichen Wirkung zu vermitteln. Die Erfahrungen der Teilnehmer/innen werden im Kontext einer kompetenzorientierten Lehrer/innen/bildung reflektiert.

Saskia Erbring beschreibt in ihrem Text, wie Gesundheit zu einem Thema für Studierende gemacht werden kann. Sie zeigt auf, wie Methoden aus dem systemischen Gesundheitscoaching für Studierende im Praktikum zum Einsatz kommen können.

Teil 3

Im dritten Teil werden Reflexionsmethoden beschrieben, die sowohl im Rahmen der Praxisphasenbegleitung im Orientierungspraktikum als auch in anderen Kontexten erprobt wurden.

Paul Köppler und Dirk Rohr beschreiben aus ihren unterschiedlichen Perspektiven die Bedeutung von „Achtsamkeit". Sie benennen konkrete Methoden und Beispiele, an Hand derer deutlich wird, wie sich die Perspektiven verbinden oder „aufheben". Die Reflexion von Praxisphasen wird unterteilt in spezifische und indirekte Methoden des Achtsamkeitstrainings.

Kathrin Meiners und Christian Hawellek beschreiben die Reflexions- und Beratungsmethode Marte Meo. Anhand von kurzen Videosequenzen wird den Studierenden Feedback zum eigenen Verhalten gegeben. Dieses Feedback ist radikal wertschätzend und orientiert sich an so einfachen wie konkreten Prinzipien von Entwicklung und Kommunikation: Wahrnehmen und Benennen der „positiven" Initiativen bzw. Verhaltensweisen der Schüler/innen – sowie der eigenen Verhaltensweisen.

Der Artikel von Ingmar Schindler, Dirk Rohr und Meike Kricke beschreibt, wie die ursprünglich in der Familientherapie angewandte Methode des Reflecting Teams in verschiedenen Varianten Studierende in Mehrperspektivität und Dialogfähigkeit fördern kann.

Trotz der großen Unterschiedlichkeit in den Zugängen zu Reflexionsarbeit in der pädagogischen Ausbildung verstehen sich die Texte gemeinschaftlich auch als Werkstattberichte, die eine permanente Weiterentwicklung verfolgen. Ob die Autorinnen und Autoren der Vision der Herausbildung eines „reflective practitioner", mit ihrer Arbeit ein Stück näher gekommen sind, werden daher auch weitere Erfahrungen mit den entwickelten Konzepten zeigen.

Wünschenswert ist auch, dass sich die Leser/innen in ihren Systemen und angeregt durch das Textmaterial an dieser reflexiven „Werkstattarbeit" beteiligen. Der sich so entwickelnde Dialog zwischen Ausbildner/inne/n könnte entscheidend zur Weiterentwicklung einer subjektorientierten Lehrer/innen/bildung beitragen.

Eine umfangreiche Sammlung an Praxismaterialien ist auf einer Materialplattform hinterlegt und kann über folgenden Link heruntergeladen werden: www.waxmann.com/buch2779

Wir freuen uns auf Ihr Feedback!

Köln, Dezember 2012

Dirk Rohr, Annette Hummelsheim, Meike Kricke und Bettina Amrhein

Annette Hummelsheim & Dirk Rohr

Zur Implementierung von Reflexions- und Supervisionselementen in die Begleitung des Kölner Orientierungspraktikums

In diesem Beitrag geht es um die Rahmenbedingungen, die an der Universität zu Köln geschaffen wurden, um Reflexions- und Supervisionselemente in der ersten Phase der Lehrer/innen/ausbildung in den Fokus zu nehmen und anzuwenden.

Viele der nachfolgenden Artikel handeln von konkreten Reflexionsmethoden, die angewendet wurden im „Rahmen" des Orientierungspraktikums. So wie die Methoden übertragen und adaptiert werden können für andere Veranstaltungskontexte (z. B. Praktikumsbegleitungen anderer Studiengänge, anderer Hochschulen, andere Kontexte von Erwachsenenbildung etc.) – so könnte der Prozess der Implementierung übertragen werden auf andere Hochschulen, andere Institutionen.

Wir möchten exemplarisch nachzeichnen, wie zentral der Kontext Hochschulstruktur beitragen kann zum Erfolg dieses Konzepts, ja, wir möchten Mut machen, Veränderungen strukturell zu verankern, da sie damit über individuelle Einzelinitiativen hinausgehen und Kraft gewinnen können.

Berufsbiografische Reflexion, Theorie-Praxis-Verzahnung, Förderung der psychosozialen Basiskompetenzen, dies sind wichtige Elemente einer neuen Lehrer/innen/ bildung, die neben der Ausrichtung auf die fachwissenschaftlichen Inhalte die Person des Lehrers/der Lehrerin in den Blick nimmt. Wir sprechen in unserem Beitrag von „Reflexions- und Supervisionselementen", wobei wir Reflexion als den allgemeineren Oberbegriff verstehen; Supervision verstehen wir als ein professionelles Beratungsformat, in dem die Schnittmenge von Organisation, Person und Profession thematisiert wird. Wenn die Studierenden in die Praxis gehen, haben sie genau mit dieser Schnittmenge zu tun.[1] Die Bearbeitung der Themen, die sich in diesem Fokus zeigen, kann die Studierenden in der Anbahnung ihrer beruflichen Professionalität nachhaltig unterstützen. In der Lehrer/innen/bildung der zweiten Phase sind inzwischen auch erfolgreich Coachingelemente implementiert worden,[2] die auf der Tagung „Zur Humanisierung des Schullebens. Supervision in der Lehrer(aus)bildung" vorgestellt wurden. In einem Positionspapier, das auf dieser Tagung formuliert wurde, heißt es: „Supervision und Coaching unterstützen selbstverantwortliches Lernen, indem Studierende und Referendarinnen und Referendare die Ausgestaltung ihrer Lehrerrolle im System Schule reflektieren. Erfolgreiche Supervision ist daher am Individuum orientiert, versteht Ausbildung als Begleitung, schafft transparente Kommunikati-

---

1   Für die Studierenden ist es sogar noch komplizierter, sie gehören hinsichtlich der Organisation erneut zu einer Schnittmenge, zur Universität und zur Schule, was zusätzliche Themenfelder schafft.

2   Vgl. http://www.schulministerium.nrw.de/ZBL/ (Stand 03.07.2012)

onsstrukturen, lässt Gestaltungsräume zu und versteht Rückmeldung als Dialog und Prozess."[3]

Im Folgenden stellen wir in unserer Funktion als Verantwortliche für das Konzept und die Ausgestaltung chronologisch dar, wie diese Entwicklung in Köln verlaufen ist und gehen dabei in diesen Schritten vor:
1. Konzeptionsphase
2. Akkreditierungsphase
3. Implementierungsphase
4. Umsetzungsphase
5. Ausblick

1. Konzeptionsphase

- Im **März 2009** bekamen wir im Rahmen der Akkreditierung den Auftrag, die universitären Begleitveranstaltungen aller Praxisphasen des Neuen Bachelor- und Master-Lehramtsstudiums zu konzipieren.[4] Hier etablierten wir als leitende zentrale Fokussierung die Reflexionskompetenz, insbesondere die Reflexion der eigenen Berufsbiografie und die Fallsupervision.
- Zum Wintersemester 2009/2010 haben wir erstmalig „integrierte Veranstaltungen" als Pilotprojekte in der Begleitung der Orientierungspraktika geplant. Neben den Vor- und Nachbereitungsphasen fanden nun während des vierwöchigen Schulpraktikums wöchentliche dreistündige Begleitveranstaltungen in der Universität statt; in diesen erlebten die Studierenden Kollegiale Beratung und Fallsupervision. Zeitgleich entstand eine Zusammenarbeit von DGSv[5] und Universität zu Köln, die den folgenden Prozess unterstützt hat.
- Parallel hierzu wurde an der Humanwissenschaftlichen Fakultät ab **Oktober 2009** ein Modellprojekt durchgeführt, das für eine kleine Gruppe von 60 Studierenden alle bildungswissenschaftlichen Anteile (und so auch die Theorie-Praxis-Verzahnung) im Zeitraffer von 4 Semestern simulierte, sodass dann, zeitlich passend zur Einführung der Bachelor- und Masterstudiengänge ab Oktober 2011, die entsprechenden Erfahrungen vorlagen. Bereits hier ist Supervision für Studierende und für Lehrende integriert worden und einige der Erkenntnisse konnten für die spätere Umsetzung genutzt werden (vgl. Rohr/Roth 2012)

---

3   Positionspapier der Tagung „Zur Humanisierung des Schullebens. Supervision in der Lehrer(aus)bildung", 2011: http://www.dgsv.de/wp-content/uploads/2011/10/positionspapier_zur_tagung_humanisierung_d_schullebens.pdf (Stand 03.07.2012).

4   Unsere Arbeitsgruppe setzte sich zusammen aus Mitgliedern des Lehrerbildungszentrums (LBZ), einer Einrichtung des Rektorats und des Praktikumszentrums (PZ) der Humanwissenschaftlichen Fakultät (HF); die HF hatte die Federführung für den Anteil der Bildungswissenschaften übernommen, diese ersetzen jetzt das frühere „erziehungswissenschaftliche Studium".

5   Die Deutsche Gesellschaft für Supervision (DGSv) mit Sitz in Köln thematisiert seit 2003 kontinuierlich in Veröffentlichungen, auf Tagungen und in weiteren Initiativen das Thema „Supervision und Schule/Lehrerbildung", vgl. Homepage der DGSv.

- Auf dem Hintergrund dieser Erfahrungen entwickelten wir ein Konzept für die Begleitung des Praxissemesters, in dem Reflexions- und Supervisionselemente als ein obligatorischer Baustein der universitären Begleitung eingeplant wurden. Dies wurde im **Januar 2010** dann den Entscheidungsträger/inne/n in der Universität präsentiert. Hier werden die Empfehlungen der DGSv für die Implementierung von Supervision in der ersten Phase der Lehrer/innen/bildung vorgestellt.[6] Grundsätzlich wurde bei diesem Treffen Supervision als Bestandteil einer kompetenzorientierten Lehrer/innen/ausbildung begrüßt. Herausforderungen wurden gesehen in der Frage der Finanzierung und der Kommunizierbarkeit einer solchen Entscheidung hin zu den anderen beteiligten lehrer/innen/bildenden Fakultäten, bei denen der Fokus auf der Fachwissenschaft und der Fachdidaktik liegt.

2. Akkreditierungsphase

Im **März 2010** erscheint der „Modellbericht zum Antrag auf Akkreditierung der lehramtsausbildenden Studiengänge"[7]. In ihm wird ein „Kölner Modell" der Lehrer/innen/ausbildung konzipiert und es handelt sich auch hier wieder um den Anteil der Bildungswissenschaften. Schon auf den ersten Seiten wird das besondere Profil deutlich; so heißt es:

> „Die Universität zu Köln orientiert sich in der Lehrerbildung am Leitbild eines berufsbiografischen Aufbaus professioneller Kompetenz, zu der sowohl konzeptuell-formales Wissen als auch prozedurales Handlungswissen gehört.
> (…) Das Curriculum muss am aktuellen Stand der Schulforschung sowie der didaktischen und bildungswissenschaftlichen Forschung orientiert sein und pädagogische und didaktische Innovationselemente wie Schul- und Unterrichtsentwicklung, Standards, Supervision u. a. aufgreifen." (Modellbericht 2010, 8)

Für das Praxissemester, das im achten Semester stattfindet, fordert der Antrag eine besondere Berufsfeldorientierung; hier werden Coaching und Supervision als wichtige neue Lernformen genannt:

> „Der Herausforderung, die seit langem angemahnte Verstärkung der Theorie-Praxis-Verschränkung im Studium zu realisieren, begegnet die Universität zu Köln mit einem Konzept, das die neuen Möglichkeiten effektiv und innovativ umsetzt. Voraussetzung dafür ist die Implementierung neuer Lehr-/Lernformen, die eigenverantwortliches, kooperatives und forschendes Lernen in Verbindung mit Coaching und Supervision auf der Basis der Idee des Empowerment ermöglichen." (Modellbericht 2010, 79)

---

6   Diese Empfehlungen wurden später von der DGSv herausgegeben und sie können kostenlos heruntergeladen werden unter: http://www.dgsv.de/wp-content/uploads/2011/08/reihe_5_empfehlungen-2010.pdf (Stand 03.07.2012).

7   Auf der Homepage der Universität zu Köln veröffentlicht: http://hf.uni-koeln.de/data/lebama/File/Studiengangskommission/modellbericht.pdf, (Stand 03.07.2012)

Für das Orientierungspraktikum wird im Antrag die als Pilotprojekt oben erläuterte sehr positiv evaluierte integrierte Konzeption übernommen. Ein Ziel dieser Konzeption ist, dass die Studierenden sich anhand von Schlüsselsituationen ihrer subjektiven Theorien über Schule aus einer professions- und systemorientierten Perspektive bewusst werden. Auch ein Reflexionsgespräch am Ende der Veranstaltung hinsichtlich der angebahnten Kompetenzen wird verbindlich.

Da die Dozent/inn/en über einen längeren Zeitraum (4 SWS) eine konstante Studierendengruppe begleiten, ist eine Fokussierung auf Beziehungsgestaltung, Feedbackkultur und berufsbiografisch bedeutsame Reflexionsprozesse möglich. Gerade die Zweiteilung in Vorbereitung (während der wöchentlich stattfindenden Sitzungen im Semester 2 SWS) und der sich daran anschließenden Praxisphase und der Begleit- und Nachbereitungstermine in der vorlesungsfreien Zeit (ebenfalls 2 SWS) zeigt sich als gewinnbringend.

3.   Implementierungsphase

- Mit der Akkreditierung des Modellberichts planen wir ab **Januar 2011** die konkrete Organisation der Seminare zum Orientierungspraktikum für alle Lehramtsstudierenden ab Wintersemester 2011/12.[8] Hierzu benötigten wir 25 zusätzliche Lehrbeauftragte, die – dem neuen Schwerpunkt entsprechend – sowohl im Lehrer/innen/bildungskontext als auch in der Supervision erfahren sind.[9] Auf unsere Ausschreibung melden sich viele hoch qualifizierte Bewerber/innen, die hoch motiviert sind, einen neuen Weg in der Lehrer/innen/ausbildung mit zu gestalten.
- **Mai 2011:** Um für die neue Entwicklung Standards zu setzen, trifft sich der gesamte Pool der neuen und „alten" Lehrbeauftragten zu einer Fortbildung, in der das gemeinsame Konzept erläutert wird. Es ist das erste Mal, dass alle Seminare zum Orientierungspraktikum einen gemeinsamen Fokus haben. „Empowerment" sowohl für die Lehrenden als auch für die Studierenden gilt als das handlungsleitende Prinzip (vgl. Arnold et al. 2011). Empowerment heißt für uns, den Schüler/inne/n genauso wie den Studierenden – in den gegebenen Rahmenbedingungen – die Möglichkeit der Mitbestimmung für Inhalt und Prozess des Lernens zu geben sowie sich als aktiv und selbstwirksam zu erleben. Außerdem werden die Inhalte des Portfoliokonzepts, deren Umsetzung das neu gegründete Zentrum für LehrerInnenbildung (ZfL) an der Universität zu Köln übernommen hat, vermittelt und diskutiert. Die Portfolioarbeit soll die (Selbst-)Reflexion der Studierenden nachhaltig unterstützen und sie soll im Kontext des Seminars sinnvoll vertieft werden.[10]

---

8   Das Lehramt Sonderpädagogik ist zunächst in Pilotprojekten vertreten, hier sollen Modelle von Inklusion entwickelt und erprobt werden.
9   Die Universität zu Köln ist eine der größten lehrer/innen/bildenden Hochschulen Europas; insgesamt planen wir im Bereich Orientierungspraktikum 50 Veranstaltungen für 1250 Studierende pro Semester, d. h. pro Seminar gibt es eine Höchstteilnehmerzahl von 25 Studierenden.
10 Siehe auch Beitrag Kricke/Reich in diesem Band.

- Im **September 2011** arbeiten wir weiter am Modulhandbuch, das Teil des Akkreditierungsantrags ist. Als Ziel und zentrales Thema für den universitären Anteil des Moduls „Orientierungspraktikum" werden hier formuliert:

  „ Sich orientieren in der Berufsrolle und im System Schule bedeutet, die eigene Lern- und Schulgeschichte reflektiert zu haben und sich der eigenen Konstruktionen als Muster für eigenes Erleben und Agieren bewusst zu werden. Zentrales Thema im Orientierungspraktikum ist deshalb der Prozess der Wahrnehmung und (Selbst-)Reflexion. Dazu tragen auch Theorieansätze bei, die jeweils bezogen werden auf die subjektiven Überzeugungen und die Beobachtungen in der Praxis."[11]

Die supervisorischen Aspekte sind in allen Punkten erkennbar und wir betonen hier besonders sechs Lernergebnisse und Kompetenzen: Die Studierenden
- vollziehen und reflektieren anhand von konkreten pädagogischen Situationen den Perspektivwechsel aus der in der eigenen Schullaufbahn lange eingeübten Schüler/innen/rolle in die Rolle einer Lehrperson;
- entwickeln einen professionellen Habitus, eigene Fähigkeiten und Ressourcen zu nutzen sowie Herausforderungen und Entwicklungsmöglichkeiten zu erkennen und ihnen aktiv und konstruktiv-wertschätzend zu begegnen;
- lernen Feedback zu geben und anzunehmen,
- werden sich ihrer subjektiven Theorien von Schule, Lernen und Lehren bewusst, hinterfragen diese und entwickeln sie weiter;
- lernen Heterogenität für die Bildungs- und Entwicklungsbegleitung zu nutzen und
- erarbeiten Schwerpunkte ihres eigenen, weiteren Bildungs- und Entwicklungsprozesses.

Dazu bringen die Studierenden Fälle aus dem Schulalltag ihres Orientierungspraktikums mit in die Seminarsituation. Sie lernen verschiedene Formen von Reflexion und Supervision kennen und wenden diese an.

4.   Umsetzungsphase seit Oktober 2011

Es hat eine Zwischenauswertung stattgefunden, auf der fünf Punkte besonders hervorgehoben wurden:
- Für die Studierenden ist es irritierend und bereichernd an „eigenen Themen" zu arbeiten.
- Die Eigenverantwortung und Aktivität/Partizipation wird von den Studierenden sehr positiv bewertet.
- Für die Studierenden ist es eine Herausforderung, immer wieder auf ihre Selbstkompetenz verwiesen zu werden. Auch die neuen Lernformen (fallorientiert, keine Referate) sind ungewohnt und fördern die Kommunikation untereinander.

---

11 http://www.hf.uni-koeln.de/34812 (Stand: 03.07.2012)

- Durch verschiedene Formen der Zusammenarbeit entsteht gegenseitige Inspiration von „neuen" Supervisor/inn/en und „alten" Lehrbeauftragten.
- Hohe Transparenz zwischen den Lehrbeauftragten und dem PZ/ZfL als Koordinationsstellen werden positiv konnotiert, die ersten Seminare werden von unserer Seite intensiv begleitet. Zusätzlich werden Fortbildungen z. B. zur videogestützten Reflexion (Marte Meo) und zur Entwicklung psychosozialer Basiskompetenzen mit guter Resonanz wahrgenommen.

Seit dem Sommersemester 2012 werden auch die 10 Begleitveranstaltungen des Lehramtes Sonderpädagogik in der hier dargestellten Struktur durchgeführt.

5.   Ausblick

Nach der Durchführung der ersten Kohorte (im ersten Semester) ging die Zuständigkeit vom Praktikumszentrum der Humanwissenschaftlichen Fakultät, verantwortlich für den bildungswissenschaftlichen Anteil der lehramtsbezogenen Studiengänge, über an das überfakultäre Zentrum für LehrerInnenbildung (ZfL; Meike Kricke, Bettina Amrhein).

Die Tatsache, dass wir von Anfang an eng zusammen gearbeitet haben, erleichtert diesen Übergang enorm. Als Beispiel der Weiterführung kann die mehrtägige Marte-Meo-Weiterbildung angesehen werden[12], die im WS 11/12 begann, sowie dieses Buch, das wir gemeinsam herausgeben.

Da wir selbst einen Arbeitsbereich für Beratungsforschung an der Universität zu Köln aufbauen, werden wir von dort aus weiterhin mit dem ZfL kooperieren, das nun die Federführung für alle Praxisphasen übernommen hat. Der nächste große Schritt wird die curriculare Ausgestaltung des Praxissemesters sein, das erstmalig im Frühjahr 2015 stattfinden wird.

In diesem Sinne hoffen wir, dass die angehenden Lehrer/innen durch die frühzeitige Erfahrung mit Supervisionselementen in ihrer Reflexion und Selbstreflexion gestärkt werden und ein nachhaltiges Interesse an berufsbiografischen Lernprozessen entwickeln. Langfristig, so sind wir überzeugt, wird sich damit die Qualität von Ausbildung und Arbeitsfeld verbessern lassen.

---

12 Siehe auch Beitrag Meiners/Hawellek in diesem Band.

Meike Kricke & Kersten Reich

Portfolios als Dialog- und Reflexionsinstrument – Mehrperspektivität fördern durch Lernteamarbeit

Portfolio?!

Unter „Portfolio" (lat. portare: tragen; folium: Blatt) ist zunächst eine Art Sammelmappe zu verstehen, in der verschiedene Materialien für unterschiedliche Zwecke „gesammelt" werden. Spricht man von der „Portfolio-Methode" geht es über das Sammeln hinaus: Die Mappen werden „für Reflexionen über das Gesammelte und dabei gemachte Lernerfahrungen" (Reich 2008a) genutzt. Es lassen sich eine Reihe von Einsatzmöglichkeiten dieser Methode finden, die sich in unterschiedlichen Portfolioarten widerspiegeln – beispielsweise in Bewerbungs-, Sprachen-, Entwicklungsportfolios etc. (vgl. Häcker 2009, 33). Dysthe (2003 in Granberg 2010, 310) vergleicht Portfolios auch mit „Chamäleons", die je nach „purpose and pedagogical design" ihre Farbe ändern würden. Nachfolgend sollen wesentlich erscheinende Aspekte zu einer vielfältigen Nutzung von Portfolios am Beispiel der Lehrer/innen/bildung in einer einführenden Übersicht beschrieben und erste Erfahrungen präsentiert werden.

Das Portfolio als Reflexionsinstrument nutzen: Grundmerkmale

Ein Portfolio wird häufig in einen *öffentlichen* und einen *privaten* Teil gegliedert (vgl. Reich 2009, 90f.). Der *öffentliche* Bereich ist strukturiert und besteht aus Materialien, die für bestimmte Personen „transparent" gemacht werden, wie z.B. obligatorische Aufgabenbearbeitungen. In dem *privaten* Teil werden ganz individuell Materialien gesammelt. Der Portfoliomethode sind dabei keine Grenzen gesetzt: Neben schriftlichen Bearbeitungen können Bilder, Fotos, Videos, Podcasts etc. eingeordnet werden (vgl. Kricke/Reich 2011). Portfolios sind zudem „produkt- und prozessorientiert" (vgl. Häcker 2009, 35) – neben Produkten werden auch eigene Lernprozesse dokumentiert und reflektiert (Reich 2009, 90).

Sassi (2001) beschreibt die Portfolioarbeit als einen dreischrittigen Prozess: *„Sammeln, Auswählen, Reflektieren"*:[1]

Sammeln: Die Lernenden sammeln in diesem (persönlichen) Teil ungeordnet und in verschiedenen Formen (Mitschriften, Fotos, Zitate, etc.) Materialien innerhalb des jeweiligen Portfoliokontextes.

---

1 Vgl. auch das Portfolio im Projekt Modellkolleg Bildungswissenschaften: Bachtesvanidis et al. (2012).

Auswählen: Um die Kompetenzerwartungen/Ziele des jeweiligen Portfolioeinsatzes zu erbringen, wählen die Lernenden dann aus ihren Sammlungen das für sie Zentrale zur Reflexion – inwieweit oder wodurch die Ziele/Kompetenzerwartungen erreicht wurden – aus.

Wichtig ist hier, dass den Lernenden Sinn und Zielsetzung des Lernprozesses von Anfang an transparent ist. Kriterien sollten bestenfalls partizipativ mit den Lernenden entwickelt werden.

Reflektieren: Auf Grundlage des ausgewählten Materials reflektieren die Lernenden ihren Lernzuwachs.

Versteht man den Portfolioprozess als zirkulär, lässt sich dieser Dreischritt erweitern:

Bilanzieren: Erfolge erkennen und Ziele setzen: Auf Grundlage der Reflexion werden eigene Erfolge erkannt und weitere Ziele – bezogen auf den jeweiligen Portfolio-Gegenstand – zur Weiterarbeit formuliert (vgl. Kricke/Reich 2011).

Portfolios in der Lehrer/innen/bildung: Einordnung

Im Folgenden geht es um die Umsetzungsdarstellung der Portfolioarbeit am Beispiel der Universität zu Köln im Rahmen des Orientierungspraktikums. In dieser Praxis wird betont, dass das Portfolio nicht nur zur „Dokumentation" (LABG 2009) über die Praxisphasen dient, sondern dass es auch als Reflexions- und darüber hinaus als Dialoginstrument einer mehrperspektivischen Lehrer/innen/bildung in Verbindung mit Lernteamarbeit herangezogen werden kann.

Mit einem veränderten Lehr-Lernverständnis (vgl. Arnold/Schüßler 1998; Reich 2009, 15) zielt die internationale Entwicklung in der Lehrer/innen/bildung darauf ab, (E-)Portfolios einzusetzen „to ensure quality standards and/or support student teachers in lifelong learning" (Granberg 2010, 311). Im Zuge der reformierten BA/MA-Lehramtsausbildung ist die Portfolioarbeit in Nordrhein-Westfalen gesetzlich verankert (vgl. LABG 2009 § 12 (1)) und dient als Reflexionsinstrument der berufsbiografischen Entwicklung:

In einem *Portfolio Praxiselemente* dokumentieren die Studierenden alle Praxisphasen ihrer Ausbildung (vgl. LZV § 13):

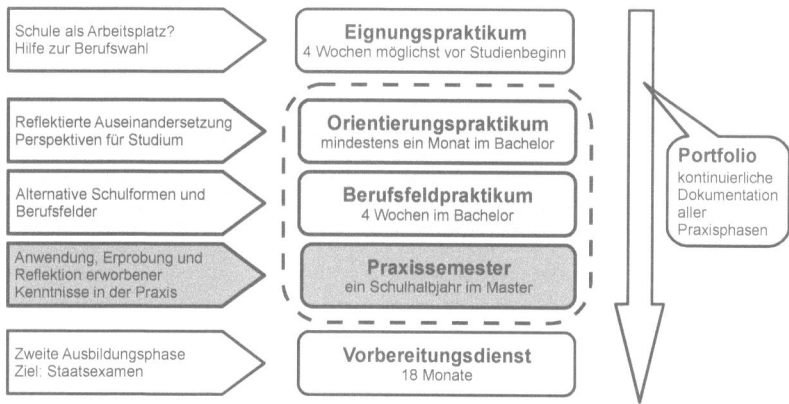

Abbildung 1: Praxisphasen im Überblick (D. Kramp, ZfL).

Praktische Umsetzung in Köln: Das Kölner E-Portfolio als Entwicklungsportfolio

„Great teachers are neither born nor made but they may develop"
Das Kölner E-Portfolio ist als Entwicklungsportfolio konzipiert, das auf diesem Grundgedanken Theo Bergens (Universität Nijmwegen) beruht. Es verfolgt das Ziel, dass die Studierenden in ihrer Reflexionsfähigkeit gefördert werden, die nach Combe/Kolbe (2004, 835 in Häcker 2012, 77) „als Schlüsselkompetenz von pädagogischer Professionalität betrachtet" wird. Dieser „sich je individuell vollziehende berufsbiografische Entwicklungs- und Lernprozess" (vgl. Reh & Schelle in Herzog 2011) wird in dem Praxisphasenportfolio dokumentiert und kann als Grundlage der Entwicklung einer Reflexionsfähigkeit sowohl auf das „Lehrer werden" als auch auf das „Lehrer bleiben" bezogen werden (vgl. Terhart 1994, 21). Insgesamt wird dieser Entwicklungsgedanke hin zu einer professionellen Lehrer/innen/rolle unter dem Aspekt des „lifelong learning"-Gedankens durch verschiedene Elemente gefördert:[2]

Für jede Praxisphase hat das Ministerium für Schule und Weiterbildung Kompetenzerwartungen (LZV-Standards) vorgegeben. Im Mittelpunkt der Portfolioarbeit steht die Reflexion der eigenen Entwicklung hinsichtlich dieser Standards, die durch Situationsbeschreibungen konkretisiert werden. Zu *jedem Standard wählen die Studierenden jeweils eine Aufgabe aus*, die sie auf Grundlage ihrer Beobachtungen, Interviews etc. im Praktikum bearbeiten.[3] Die Aufgabenvorschläge basieren auf dem Grundgedanken des forschenden Lernens „im Rahmen der Reflexion eigener prak-

---

2   Das E-Portfoliokonzept basiert an der Universität zu Köln auf Portfolio-Readern nach Kricke/Reich 2011. Diese sind unter im Internet unter: http://www.uni-koeln.de/hf/konstrukt/reich_works/aufsatze/index.html unter 2011 abrufbar. Zudem sind alle Informationen zum Kölner E-Portfoliokonzept auf der Website des Zentrums für LehrerInnenbildung einsehbar: www.zfl.uni-koeln.de.

3   Alternativ können sich die Studierenden eigene Aufgaben bearbeiten.

tischer Erfahrungen inner- oder außerhalb von Unterricht" (vgl. Koch-Priewe/Thiele 2009, 278). In der Bearbeitung dokumentieren die Studierenden „Fälle" aus den Praxisphasen und betten diese in bildungswissenschaftliche Theorien ein bzw. analysieren sie auf dieser Grundlage. Wichtig ist, dass alle Aufgabenbearbeitungen begründet ausgewählt oder formuliert sind und „immer auch eine Selbstreflexion enthalten [sollten], in der darauf eingegangen wird, welche Lernschwierigkeiten bestanden und wie sie gelöst wurden" (Reich 2009, 90). Grundlegend ist zudem die kontinuierliche Reflexion der Studierenden über ihre „wachsende" Lehrer/innen/rolle. Zentrale Elemente stellen dazu die *„Arbeitstheorie"*[4] und eine *„Erfolgs- und Wachstumsseite"* (vgl. Kricke/Reich 2011) dar. Bei der Arbeitstheorie handelt es sich um „subjektive" Theorien (vgl. Groeben/Wahl/Schlee/Schelle 1998, 19ff. in Arnold et al. 2011, 86), die Studierende über ihre Tätigkeit als Lehrer/in haben. Diese verfassen sie anhand von Leitfragen zu Beginn der Begleitveranstaltung und reflektieren sie kontinuierlich nach jeder Praxisphase. Zudem formulieren die Studierenden *persönliche Ziele* zu jeder Praxisphase, die sie nach der Praxis reflektieren und die Bilanz ihrer „Erfolgs-" und „Wachstumsseite" als Grundlage weiterer Zielsetzungen im Zusammenhang mit dem individuellen Kompetenzerwerb nutzen. In der Bearbeitung ihrer Portfolioaufgaben agieren die Studierenden resümierend als wissenschaftlich Forschende und in Anlehnung an Schön (1983) als reflektierende Praktiker/innen, indem sie forschend und lernend ihr theoretisches Wissen mit ihren praktischen (außer-)schulischen Erfahrungen reflektieren.

Um eine professionelle Reflexionsfähigkeit anzubahnen ist über die Selbstreflexion hinaus ein weiterer Schritt entscheidend: „Der Austausch über die Selbstreflexion – gewissermaßen als kommunikative Validierung: Um *den Lernenden* auch die Gedanken und Reflexionen bzw. Wahrnehmungen weiterer Personen zu eröffnen, steht der Dialog im Vordergrund einer wechselseitigen Reflexion. Er eröffnet noch weitere Perspektiven und Deutungsmuster des (eigenen) pädagogischen Handelns und Analysierens" (Kricke et al. 2012, 1f.).

Um die Reflexionsfähigkeit als „Schlüsselkompetenz" von Beginn der Ausbildung an *im Dialog* anzubahnen, bietet sich aus unserer Perspektive, neben berufsbezogenen Methoden (wie kollegiale Fallberatung/Supervision), besonders das Arbeiten in Lernteams an.

---

4   Vgl. Bildungsserver Hessen [a] (o.J.): Arbeitshilfen zum Portfolio für LiV: A_1.4.1_Erste_ Arbeitstheorie, URL: http://lakk.bildung.hessen.de/afl/fortbildung/portfolio/ah/index.html (Stand 04.11.2011).

Lernteamarbeit in Verbindung mit der Portfolio-Methode: Förderung von pädagogischer Professionalität

Das Orientierungspraktikum ist an der Universität zu Köln in ein integriertes Seminarkonzept eingebettet, das sich über das Semester und die vorlesungsfreie Zeit erstreckt.[5] In dieser Veranstaltung spielt die Anbahnung der eigenen Reflexionsfähigkeit und somit die Portfoliomethode eine zentrale Rolle. Im Seminar kann zudem die kommunikative Verarbeitung der Praxiserfahrung fokussiert werden, um einen „living learning"-Fokus, wie ihn Ruth Cohn (1993, 12 in Arnold/Schüßler 1998, VII) formulierte, umzusetzen. Ilse Brunner (2009, 94) betont, dass die Portfolioarbeit nur so gut sei, „wie die Gespräche, die darüber geführt werden". Diesen Gedanken unterstreichen Ehlers et al. (2009, 19), indem sie als Gelingensbedingung für einen erfolgreichen Reflexionsprozess betonen, wie wichtig „regelmäßiges und positives Feedback" ist. Neben einer Rückmeldekultur von Seiten der Dozierenden bietet sich hier besonders eine Reflexion im Dialog aller an: die Arbeit in Lernteams.

Die Studierenden bilden im Seminar Lernteams von 3-5 Studierenden (ungerade Anzahl von Lernern bilden nicht so leicht Koalitionen; vgl. „Lernpatenschaften" in Reich 2009, 98). In der Zusammensetzung bietet es sich an, im Sinne einer Marktplatzübung *Ich suche, ich biete* heterogene Lernteams unterschiedlicher Schulformen/Semester zu bilden (Reich 2009, 98). Gerade im Hinblick auf die Entwicklungen hin zu einem inklusiven Schulsystem kann dies eine Vorbereitung auf das Arbeiten in multiprofessionellen Teams sein. Huber und Hader-Popp (2008) betonen zudem die Bedeutsamkeit „professioneller Lerngemeinschaften" für Unterrichts- und Schulentwicklungsprozesse. So können die Studierenden die Fähigkeit entwickeln, sich als „Teamplayer" zu vernetzen und Kooperationsfähigkeit zu stärken. Ein Vorteil kontinuierlicher Lernteams – innerhalb der Portfolioarbeit – bietet eine sich entwickelnde „Gesprächskultur (…), die von gegenseitiger Wertschätzung gekennzeichnet ist und ein Klima des Vertrauens schafft" (Brunner 2009, 73). Gerade zu Beginn des Studiums kann dieser Aspekt eine Entlastung für Studierende darstellen (z.B. in Bezug auf Studienorganisation). Vor dem Hintergrund eines polyvalent angelegten BA-Studiums eignet sich der Austausch in heterogenen Lernteams auch dazu, zu überdenken, ob die von den Studierenden gewählte Schulform die passende ist.

Lernteamarbeit und Portfolio: konkret

Innerhalb des Lernteams werden eigene „Fälle" aus dem Praktikum herangezogen und aus verschiedenen Perspektiven betrachtet. In der Reflexion darüber können die Studierenden erfahren, wie heterogen sich das Berufsfeld „Schule" hinsichtlich der Organisation, pädagogischer Konzepte, Unterrichtsmethoden, Differenzierungsmöglichkeiten, Förderungen etc. zusammensetzt. Zudem stellt die Arbeit an einem (E-) Portfolio für einen Großteil der Studierenden die erste Erfahrung in der Portfolio-

---

5   Vgl. Hummelsheim/Rohr in diesem Band.

arbeit dar – kollegiale Unterstützung und Beratung können hier weiterhelfen. Für Reflexionsanlässe steht jedem Lernteam ein Lernteam-Reader mit konkreten Umsetzungsideen und Leitfragen zur Verfügung (Kricke/Wulfert: im Anhang unter www.waxmann.com/buch2779).

Beispiel:
Stellt ein Mitglied des Lernteams die Bearbeitungen zu einem *LZV-Standard* vor, hat das Team im Anschluss die Möglichkeit, Rückfragen an den Vorstellenden/die Vorstellende zu richten und ein Feedback zu geben. Mögliche Fragen und Ansatzpunkte sind:

1. Warum hast Du gerade diese Aufgabe ausgewählt?
2. Was glaubst Du, mit dieser Aufgabe verdeutlichen zu können?
3. Mir ist nicht ganz klar geworden …
4. Verdeutliche und begründe Deine Vorgehensweise bei dieser Aufgabe näher.
5. Interessant wäre auch noch der Aspekt xy bei der Bearbeitung dieser Aufgabe.
6. Gab es etwas, was Dich irritiert/gewundert/erschrocken/… hat während Deiner Beobachtungen/Deines Interviews?
7. Bei Deiner Darstellung kommen mir noch folgende Fragen auf: …
8. Aus meiner Schulerfahrung habe ich etwas ganz anderes/ähnliches wahrgenommen …

Reflexion: Erfolgs- und Wachstumsseiten[6]

Nach einem ersten Semester obligatorischer Portfolioarbeit und Lernteamarbeit möchten wir abschließend kurz die bisherigen „Erfolgs- und Wachstumsseiten" beider Konzepte erläutern. Diese basieren auf Rückmeldungen der Lehrbeauftragten, eigenen Erfahrungen und zu großen Teilen aus einer Online-Umfrage auf Seiten der Studierenden, die Grundlage einer konsequenten Konzeptweiterentwicklung bieten:

Erfolgsseiten
Erfolgreich stellte sich die breit angelegte Informationskultur heraus, mit der die Portfolioarbeit eingeführt wurde. Barrett und Carney (2005 in Granberg 2010, 311) betonen, dass es essenziell zur Einführung der Portfolioarbeit gehört, zu Beginn zu definieren, welche Funktion das Portfolio erfüllen sollte. Zudem beschreibt Butler (2006 in Granberg 2010, 311) als Erfolgskriterium, dass den Studierenden zur Vorbereitung völlige Transparenz gegeben werden soll über: *„what, why and how".*

Das obligatorische Feedback im Rahmen der Begleitveranstaltung auf Grundlage der Reflexionselemente zeichnete sich zudem als positiv heraus, da die Studierenden hier eine direkte Rückmeldung erhielten.

---

6   Vgl. auch das Portfoliokonzept des Projektes Modellkolleg Bildungswissenschaften der Humanwissenschaftlichen Fakultät der Universität zu Köln unter Portfolio: http://www.hf.uni-koeln.de/33814.

Die Möglichkeit von Teilnahmen an Lernteam-Workshops und das Bereitstellen eines Lernteamraumes war besonders förderlich für die Lernteamarbeit. So haben die Studierenden auch an der Universität einen festen Ort des Rückzugs zum individuellen Austausch. Lernpsychologisch war es wichtig, dass die Studierenden ihre eigenen Erfolge kritisch reflektierten, dokumentierten und gespiegelt bekamen. Gemachte Fehler können, wenn sie reflektiert werden und bessere Lösungen antizipieren lassen, auf der Erfolgsseite verbucht werden. Erfolge sind lernpsychologisch gesehen Voraussetzungen für noch besseren Erfolg in der Zukunft. Zudem können die Studierenden ihre „Wachstumsseiten" z.B. durch Workshop-Angebote des ZfL weiterentwickeln.

Wachstumsseiten

Trotz obligatorischen Einführungsveranstaltungen gab es dennoch viele Rückfragen auf Seiten der Studierenden im ersten Semester.

Wie oben dargestellt ist ein gelungener Reflexionsprozess nur so gut, wie die Gespräche darüber verlaufen: Dies zeigen auch die Erfahrungen und Feedbacks des ersten BA-Durchganges auf Seiten der Studierenden und Dozierenden ganz deutlich: Reflexionen und Gespräche müssen in die Begleitveranstaltungen des Orientierungspraktikums (zeitlich) eingebettet sein.

Gerade zu Beginn war eine große Verunsicherung auf Seiten vieler Studierender in Bezug auf ihre Bearbeitungen zu spüren: *„Was ist richtig, was ist falsch? Wie viele Seiten muss ich abgeben?"* Der Eindruck entstand, dass zunächst eine Art „Akzeptanz" dieses offenen Arbeitens entwickelt werden musste – das Portfolio als ein Medium einer veränderten Lernkultur. Margrit Meissner drückt dies so aus: Wichtig ist die „Förderung einer Grundhaltung des selbstverantworteten Lernens" (2009, 242).

Das Arbeiten in Lernteams ist den Studierenden bisher als Angebot freigestellt. In einer Umfrage des ersten BA-Durchganges arbeiteten von der befragten Gruppe der Studierenden unterschiedlicher Schulformen (N= 229) 11% in einem Lernteam. Eine feste Implementation innerhalb der Seminararbeit erscheint daher zentral. Als schwierig stellte sich zudem für Studierende im ersten/zweiten Semester die Verknüpfung von theoretischen Konzepten und ihren praktischen Erfahrungen heraus. Hier sollte noch mehr Unterstützungsarbeit in der Begleitung erfolgen, was insbesondere durch die Bildung heterogener Lernteams verschiedener Semester erfolgen könnte. Häcker verdeutlicht zudem (2011, 1), dass die erfolgreiche Implementation von Portfolioarbeit in ein „didaktisches Gesamtkonzept" eingebettet sein muss. Dies würde neben den obligatorischen Portfolioelementen auch die Reflexionen über Inhalte aus der Seminararbeit einschließen. Weiterzuentwickeln wäre hier ein Konzept, das nicht nur über die Praxisphase, sondern auch über die gesamte Begleitung angelegt wäre. Studierende könnten im Dialog z.B. an Fragen wie: *„Welche Wirkung haben diese Inhalte für mich als zukünftige Lehrkraft?"* oder *„Welche theoretischen Elemente konnte ich schon erfolgreich in die Praxis umsetzen?"* arbeiten. Dazu könnten vorab z.B. feste „Portfoliozeiten" in die Seminararbeit integriert werden.

Sofern die Praktika in Lernteams absolviert werden können, wäre dies ein zielführendes Angebot, um Methoden wie kollegiale Hospitation zu erproben oder anhand der gemeinsamen Hospitationen und Dokumentationen ganz konkret „umsetzbare und erfolgreiche Wirklichkeitskonstruktionen" zu erleben (vgl. dazu das Beispiel von Schindler/Rohr/Kricke in diesem Band).

Der Dialog zwischen allen Beteiligten ist für eine gute Umsetzung der Portfolioarbeit ausschlaggebend. Tony Booth (2011 in European Agency for Development in Special Needs Education 2012, 35) sagt zur Bedeutsamkeit des Dialogs: „*The power we have as educators is to engage others in dialogue – that is all.*" Portfolioarbeit in Verbindung mit Lernteamarbeit stellen aus unserer Sicht zwei entscheidende Entwicklungsinstrumente für die professionellen *„educators"* von morgen dar, um mit allen Akteur/inn/en in der praktischen und theoretischen Ausbildung im Dialog die Qualität der Lehrer/innen/bildung zu erhöhen.

Die im Folgenden beschriebenen Methoden können die Studierenden für ihre Dokumentation innerhalb der Seminararbeit in ihr (persönliches) Portfolio aufnehmen und für ihre Reflexionsprozesse nutzen.

Annette Hummelsheim

Einführung von Dimensionen der Reflexion im Kontext der neuen Lehrer/innen/bildung

> „Kurz, wer unterrichten will, muss ein klares Bild von seiner eigenen Schulzeit gewinnen.
> Er muss den Zustand der Unwissenheit ansatzweise *fühlen*, wenn er irgendeine Chance haben will, uns aus dem Schlamassel zu holen."
> Daniel Pennac (2009, 274)

Einblicke

Dieses Zitat ist dem autobiografisch geprägten Roman „Schulkummer" entnommen. Der Autor Daniel Pennac ist nach einer katastrophalen Schülerlauflaufbahn selbst Lehrer geworden und lässt uns in seinem Buch Zeuge werden von Gesprächen, die er mit seinem Alter Ego, dem Schüler, der er einmal war, führt. Er lässt sein pädagogisches Verhalten von dieser Kindfigur radikal in Frage stellen und nutzt die Konfrontation mit seiner Erinnerung für eine Profilierung seiner Lehrerrolle.

Das Buch erschien in Deutschland, als ich begonnen habe, an der Universität zu Köln Seminare zum Orientierungspraktikum zu konzipieren und durchzuführen. Von meiner Lehrtätigkeit in einer Fachschule für Sozialpädagogik war ich schon mit biografischen Lernformen und Reflexionselementen vertraut. In der Lehrer/innen/bildung der ersten Phase wollte ich nun ein Konzept entwickeln, das über persönlich bedeutsames Lernen Orientierung und Irritation bewirkt; es soll ein Prozess angestoßen und begleitet werden, in dem die Studierenden bereit sind, die eigenen Erfahrungen, Fragen und Ziele zu formulieren; sie sollen die Gruppe als einen Ort des gemeinsamen Suchens und Forschens nutzen. Immer wieder wollen gerade Lehramtsstudierende die Pädagogik funktionalisieren, um Rezeptwissen zu bekommen. Es geht um das Ausschalten der eigenen Verunsicherung, das Bedürfnis, „eine Klasse in den Griff zu kriegen". Das Bedürfnis verstehe ich als ein wichtiges Signal, das Beachtung verdient, doch der Weg dahin kann nur über Auseinandersetzung mit praktischen Erfahrungen, Theorieansätzen und der eigenen Person verlaufen; hier zu enttäuschen, das Bedürfnis nicht auf einer trivialen Ebene zu bedienen, vielmehr einzuladen zu einem „Abenteuer Pädagogik", das auch einer Anstrengung bedarf, darin sehe ich meine Rolle in der Leitung dieses Seminartyps.

In meinem Beitrag werde ich auf Seminarmethoden eingehen, die die Seminarteilnehmer/innen und ich als hilfreich für den Reflexionsprozess im Orientierungspraktikum erlebt haben. Ich werde dazu einen idealtypischen Seminarverlauf von dreizehn Sitzungen während des Semesters skizzieren. Wichtig ist mir, dass ein roter

Faden deutlich wird, und ich eventuell einen Anreiz schaffen kann, die eine oder andere Methode selbst auszuprobieren. Der besseren Lesbarkeit halber erzähle ich wie von einer Expedition, die wir im Seminar gemeinsam unternehmen. Eine schematisierte Übersicht zu den einzelnen Sitzungen, Formulierungen zu den Impulsen, Visualisierungen zur Vermittlung bestimmter Methoden und Arbeitsblätter zu weiterführenden Hausaufgaben finden sich unter dem Link zum Buch.[1]

Es geht darum, im Seminar zwei Ebenen zu unterscheiden: Auf der einen Ebene sind die Studierenden Seminarteilnehmer/innen, die sich auf meine Leitung verlassen können. Auf einer zweiten Ebene sollen sie „meine Leitung verlassen", sie sollen in einen Prozess der Selbstleitung kommen, in dem sie Beobachter/innen des Prozesses werden, zu dem der kritische Umgang mit der Leitung, die Entwicklung der eigenen Kompetenzen und die der anderen Teilnehmer/innen zählen.[2] Diese Ebene der Beobachtung wird im Seminarverlauf immer wieder eingeblendet und genutzt. Es entsteht ein Werkstattcharakter und wir reden nicht nur über Situationen und Theorien, vielmehr nutzen wir das, von dem wir alle gerade gemeinsam Zeugen geworden sind. Das unterscheidet die Veranstaltung von einer Unterrichtsveranstaltung, wie Studierende sie üblicherweise in der Schule oder in der Hochschule erleben.

1. Sitzung: Wie nehmen wir uns wahr?

Um die Wahrnehmungsqualität zu fördern und den interaktiven Charakter des Seminars schon am Anfang deutlich zu machen, arbeite ich bereits in der *Vorstellungsrunde* mit einem Feedbackverfahren. In der ersten Runde nennen die Teilnehmer/innen nur ihren Namen und die anderen vermuten, welche Fächer und welches Lehramt diese Person studiert. Es ist letztlich dabei nicht wichtig, ob die „richtigen" Fächer erraten werden, wichtig ist vielmehr, dass jede/r Teilnehmer/in seine Aufmerksamkeit in aktiver Weise auf die anderen Teilnehmer/innen richtet. Natürlich ist es auch spannend für die Person im Fokus, welche Projektionen sie bei den anderen auslöst. Vorausgesetzt wird dabei, dass alle Fächer und alle Lehrämter eine gleiche Wertigkeit haben. Die Auflösung, die jeweils nach fünf bis acht Vermutungen geschieht, wird von allen mit Spannung verfolgt. Die Teilnehmer/innen melden nach dieser Art der Vorstellungsrunde zurück, dass sie wach sind und die Gesichter aller Teilnehmer/innen kennen; diese Übung rauscht nicht wie eine übliche Vorstellungsrunde an den Teilnehmer/inne/n vorbei, vielmehr schafft sie Präsenz. Außerdem wird hier schon eine zentrale Lehrer/innen/kompetenz deutlich: Wir arbeiten mit unseren Projektionen, sie können zu einer guten Intuition werden und haben viel mit unseren eigenen Erfahrungen zu tun. Das kann uns helfen, um uns in neuen Gruppen schnell orientieren zu können. Gleichzeitig können wir uns mit unseren Intuitionen auch irren und es ist sinnvoll, sich seiner Vor-Urteile bewusst zu werden,

---

1   Materialsammlung unter www.waxmann.com/buch2779.
2   Als Lehrer/in in der Schule praktizieren sie auch eine Form von Multitasking, sie müssen Fachinhalte vermitteln, gleichzeitig sollen sie z. B. Entwicklungen beobachten, fördern, beurteilen, Gruppenprozesse begleiten …

um Personen nicht in Schubladen zu stecken. Als Hausaufgabe schreiben die Teilnehmer/innen ihre subjektiven Theorien zum Lehrberuf auf.[3]

2. Sitzung: Unterschiedliche Gruppenzugehörigkeiten

In der zweiten Sitzung arbeite ich mit *soziometrischen Methoden*, d.h. die Studierenden nehmen einen Platz im Raum je nach vorgegebenem Thema ein. Ziel hierbei ist die Lernerfahrung, dass ich je nach Thema ganz unterschiedliche Zugehörigkeiten habe und dass ich mich in einer Gruppe nicht fixieren muss auf eine eher zufällig entstandene Nähe. Stattdessen stellt die gesamte Gruppe ein Angebot bereit, mich je nach Facette nah und distanziert zu fühlen. Deutlich wird auch, wie reich eine Gruppe gerade in ihrer Verschiedenheit ist. Ich beginne immer mit der Orientierung im Raum: Mit Bambusstäben werden die Himmelsrichtungen im Raum gefunden und markiert, in diesen Koordinaten bestimmen die Studierenden den Platz ihres Geburtsortes. Weitere Fragestellungen, die ich gerne nutze, lauten: „Wessen Eltern oder Großeltern sind schon Lehrer/in oder in pädagogischen Berufen tätig?" „Ordnen Sie sich nach Fächern und Schulformen zu!" „Wer hat schon eine Berufsausbildung?", „Wie ist Ihre Position in der Geschwisterreihe?", auch Fragestellungen der Studierenden werden umgesetzt. Zum Abschluss der Soziometrie stelle ich die Frage: „Stellen Sie sich vor, die Schulen würden abgeschafft und es gäbe auch keine Lehrer/innen mehr. Was wäre Ihr zweiter Berufswunsch? Sie dürfen nach den Sternen greifen, müssen sich nicht von NC oder Verdienstmöglichkeiten beeinflussen lassen. Vielleicht ist dies sogar Ihr eigentlicher Traumberuf!"[4] In dieser Runde entsteht oft eine lebendige Atmosphäre, die eventuell von den Eltern ausgeredeten Lebensentwürfe kommen zum Vorschein, viele Ressourcen werden sichtbar, die Studierenden sollen auch ihre Zweifel bezüglich des Lehrberufs äußern können und andere Entwürfe aufzeigen.

Als Hausaufgabe führen sie ein Selbsteinschätzungsverfahren „Fit für den Lehrerberuf"[5] durch. Außerdem besprechen wir, wie sie sich frühzeitig um einen Praktikumsplatz an einer Schule ihres Lehramts bewerben.

3. Sitzung: Kompetenzen und Herausforderungen entdecken

In der dritten Sitzung besprechen wir zunächst die Ergebnisse des *Selbsteinschätzungsverfahrens*, gehen kritisch auf die Items ein und reflektieren, welche Fragen die Studierenden sinnvoll fanden und welche sie anders gestellt hätten. Dann sollen die Studierenden zwei Kompetenzen, über die sie schon für den Lehrberuf verfügen, auf je eine gelbe Karte schreiben und zwei Kompetenzen, die sie noch entwickeln möch-

---

3   Hierzu mehr im Artikel Kricke/Reich.
4   Diese Idee habe ich bei Heinrich Dauber kennengelernt, als ich 2010 an der Fortbildung „Psychosoziale Basiskompetenzen" in Fuldatal teilgenommen habe.
5   http://www.dbb.de/fileadmin/pdfs/projekte/lehrerstudie_fragebogen_fit.pdf (Stand 03.07.2012).

ten, auf je eine grüne Karte. Die Kursleitung legt einen „Lehrkörper"[6] in Form eines Strichmenschen aus Bambusstäben in die Raummitte und die Studierenden legen nacheinander ihre Karten mit kurzen Kommentaren in die Körperregionen, wo sie diese Kompetenz lokalisieren. Ich beobachte immer wieder, dass sehr viele Karten im Kopfbereich liegen, viele grüne Karten im Herzbereich, ganz wenige Karten in der Bein- und Fußregion, auch der Arm- und Handbereich ist noch unterrepräsentiert. Wie viel der Lehrberuf mit Standfestigkeit, Bodenkontakt, Flexibilität zu tun hat, ist den Studierenden noch nicht bewusst; auch die „Handlungsfähigkeit" kommt wenig in den Blick. Am Anfang spielen sich für viele Studierende die wesentlichen Kompetenzen im Kopf ab. Über das Bodenbild wird dies für die Beobachtung zugänglich und kann miteinander reflektiert werden. Für den Gruppenprozess entsteht hier ein wichtiger neuer Schritt: Das Erleben von Gemeinsamkeiten in dem, was sie sich noch nicht zutrauen, und in dem, was ihnen schon zur Verfügung steht. So wird deutlich, dass es einigen noch schwer fällt, sich abzugrenzen, einige haben Sorgen, dass ihre Stimme nicht trägt, und bei vielen das noch wenig entwickelte Selbstvertrauen vor einer Gruppe bestehen zu können; zur Verfügung steht den meisten, dass sie Kinder mögen, einfühlsam sind, mit dem Herzen dabei sind, Interesse an ihren Fächern haben! Ein wichtiger Nebeneffekt dieser Übung ist, dass jede Person sich von ihrer Wachstumsseite und von ihrer Erfolgsseite[7] in der Gruppe gezeigt hat. Dies ist für das Gruppenklima wichtig: Ich kann mich stark und schwach zeigen, meine Schwächen isolieren mich nicht, vielmehr lassen sie mich dazu gehören; es gibt Ähnlichkeiten, ich bin nicht alleine mit meinen Themen, jede/r hat seine Baustellen.[8]

Von der Selbsteinschätzung zur Selbsterkundung

Ab der vierten Sitzung geht es dann um *Selbsterkundung*. Der Unterschied zur Selbsteinschätzung besteht darin, dass die Studierenden Übungen durchführen, in denen sie miteinander agieren. Vor dem Hintergrund des Erlebten geben sie sich gegenseitig Feedback und steuern ihren Selbstbildungsprozess. Bezüglich der Übungen habe ich mich in meiner Seminarplanung von dem an der Hochschule Kassel entwickelten Modell der psychosozialen Basiskompetenzen anregen lassen.[9] In Kassel han-

---

6 Vgl. in diesem Buch den Artikel zum Thema Körperkompetenzen von Daniels.
7 Zu diesen Schlüsselwörtern aus der Portfolioarbeit vgl. Artikel von Kricke und Reich in diesem Band.
8 Mit dieser Art Übungen entsteht eine Haltung der Authentizität. Ich muss den anderen nichts vormachen, wir können so miteinander lernen, wie wir sind. Das mag in besonderer Weise dazu beitragen, dass die Studierenden in den Rückmeldungen das Seminar als „familiär", „entspannt" und „harmonisch" beschreiben, obwohl die Übungen sie persönlich fordern. Ein Student drückte es so aus: „Es ist anstrengend, aber es lohnt sich".
9 Für dieses Studienmodul ist die Universität Kassel 2008 mit dem „1. Projektpreis für Exzellenz in der Lehre" vom Hessischen Ministerium für Wissenschaft und Kunst und der gemeinnützigen Hertie-Stiftung ausgezeichnet worden. Quelle: Zentrum für Lehrerbildung. Universität Kassel. Manual zur Durchführung eines zweitägigen Seminars „Psychosoziale Basiskompetenzen für den Lehrerberuf. Oktober 2008". Inzwischen ist die Arbeit mit dem Modul auch als Buch erschienen: Bosse/Dauber/Döring-Seipel/Nolle 2012.

delt es sich um ein verbindliches Wochenende, an dem jeweils zwölf Lehramtsstudierende zu Beginn ihres Studiums unter der Leitung von zwei professionellen Teamer/inne/n verbindlich teilnehmen, um möglichst frühzeitig ihre Berufsentscheidung zu reflektieren und auf Stärken und Schwächen aufmerksam zu werden. Es gibt ein Feedbackgespräch, in dem die Studierenden über für sie individuell passende weiterführende Unterstützungsangebote informiert werden. Dieses Modell ist auf Salutogenese[10] gerichtet. Es geht von einer Studie aus, die besagt, dass die Gründe für ein Scheitern im späteren Beruf in der Regel nicht in einer mangelnden Fachlichkeit, sondern vielmehr in einem nur eingeschränkt ausgebildeten Bereich der psychosozialen Kompetenzen zu finden sind. Die Forschungsgruppe um Heinrich Dauber in Kassel unterscheidet hier vier Basiskompetenzen: die Selbstkompetenz, die Handlungskompetenz, die Systemkompetenz und die Sozialkompetenz. Zu jeder dieser Kompetenzen hat sie ein Übungssetting entworfen, das ich teils übernommen, teils auch verändert und für das Konzept „Orientierungspraktikum" weiterentwickelt habe.

4. Sitzung: Teamfähigkeit

Die erste Übung, die die Studierenden in der vierten Sitzung durchführen, setzt den Fokus auf die *Systemkompetenz*. Es geht darum, in einem Team von jeweils ca. fünf Mitgliedern „innerhalb vorgegebener systemischer Bedingungen einen eigenen aktiven Beitrag zur Erreichung gemeinsamer Ziele zu leisten" (Zentrum für Lehrerbildung der Universität Kassel 2008, 9). Die Aufgabe besteht darin, aus drei DIN-A3-Blättern einen Turm zu bauen, der möglichst hoch, möglichst stabil und möglichst kreativ ausfallen soll; dazu haben die Teams 20 Minuten Zeit, sie stehen miteinander in Konkurrenz. Diese Kooperationsübung ist eigentlich ein Klassiker, und einige wenige Studierende kennen diese Übung aus dem Schulunterricht, der Jugendarbeit oder auch einer Bewerbungssituation. Trotzdem lohnt es sich, die Übung unter den veränderten Rahmenbedingungen erneut durchzuführen, da es weniger um den spielerischen Charakter als vielmehr um die Bewusstwerdung der eigenen Muster und der Zusammenarbeit in der konkreten Gruppe geht. Genau dies reflektieren die Studierenden im Anschluss miteinander. Sie teilen sich gegenseitig mit, wie das Engagement verteilt war, wie sie sich einbringen konnten, durch welche Handlungsweisen der anderen sie sich unterstützt oder verhindert fühlten. In dieser Phase des Seminars wird meist deutlich, dass die Tendenz noch dahin geht, zu harmonisieren. Es ist eine große Herausforderung, das eigene Verhalten und das der anderen differenziert wahrzunehmen und aufmerksam mitzuteilen. Vertiefend sollen die Studierenden in einer Hausaufgabe Aspekte von Teamfähigkeit benennen und aufgrund der Erfahrung in der Übung, das Feedback der anderen einbauend, reflektieren, wo sie stehen und wie sie in dem Bereich ihre Entwicklung weiter steuern wollen. Für viele Studierende ist die Kooperation mit dem Blick für das Ganze ein überraschender As-

---

10 Vgl. Beitrag von Erbring in diesem Buch.

pekt des Lehrberufs, denn viele haben Lehrer/innen als Einzelkämpfer wahrgenommen. In der nächsten Sitzung besprechen wir die Hausaufgabe und erweitern das Thema zum Praktikum hin, nämlich als Aufgabe zu beobachten, wie Schüler/innen miteinander in Gruppenarbeiten kooperieren und wie Lehrer/innen sie darin unterstützen.

Aus den Teams dieser Übung bilden sich ab der vierten Sitzung Lernteams, die auch außerhalb des Seminars für gegenseitige Rückfragen zuständig sind, Themen miteinander vorbereiten und auch im Seminarrahmen zwischendurch als Kerngruppen zusammen arbeiten.[11]

5. bis 7. Sitzung: Biografische Schlüsselsituationen – von der Erfahrung zur Theorie

In der zweiten Übung geht es dann weiterführend um *„Selbstkompetenz"*, es geht um die Fähigkeit zur Selbstreflexion anhand einer biografischen Schlüsselsituation aus der eigenen Schulzeit. In einer einführenden Visualisierungsübung lade ich ein, die eigene Schulzeit noch einmal in den Blick zu nehmen und aufmerksam zu sein für Situationen, die bei diesen Bildern auftauchen. Falls mehrere Situationen erinnert werden, sollen die Studierenden schauen, welche Situation gerade lebendiger ist, stärker in den Vordergrund kommt. Dann stelle ich eine große Kiste Bauklötze in der Mitte des Raumes zur Verfügung und rege die Studierenden an, mit diesen Klötzen die damals erlebte Situation nachzubauen, wichtig ist, dass sie auch für sich selbst symbolisch ein Klötzchen in diesem Bauwerk platzieren. Dann schreiben sie noch einen Titel auf. Zunächst schauen wir in einem Galerierundgang alle Installationen an, dann erzählen sich in einer Partnerarbeit jeweils zwei Personen gegenseitig ihre Situation. Dies ist von Bedeutung, denn es können in dieser Sitzung im Plenum nur wenige Bauwerke vorgestellt werden und jede Person sollte in der Sitzung schon einer anderen Person die eigene Geschichte mitgeteilt haben. Es entsteht hier eine Form von narrativer Pädagogik. Wir werden eine Erzählgemeinschaft, in der die Freuden und Nöte der eigenen Schulzeit gezeigt werden. Die Erfahrung ist, dass die negativen Situationen etwas überwiegen, sie scheinen einen prägenderen Eindruck zu hinterlassen; hier besteht eine große Chance darin, kränkende Situationen zu „heilen" im Sinne von: Wir rekonstruieren alte Erfahrungen, wir können sie auch wieder dekonstruieren, indem wir die Bauklötze verändern, einen Lehrer z. B. von seinem Sockel herunterholen. Spannend, wie das dann geschieht, mache ich mich dafür größer, oder den/die Lehrer/in kleiner? Der/die Protagonist/in konstruiert eine Situation, die ihr/ihm aus der heutigen Sicht gut getan hätte, findet eine Lösung aus dem erwachsenen Bewusstsein. Die Hausaufgabe besteht dann darin, auch eine jeweils andere Situation zu finden, also, wenn eine negative Situation dargestellt wurde, auch eine positive aufzuschreiben, damit eine Auseinandersetzung mit beiden Qualitäten stattfindet.

---

11 Vgl. Lernteams im Artikel von Kricke/Reich.

Spannend ist in dieser Phase des Seminars, dass bei fast jeder Situation ein Interesse entsteht, über die damit verbundenen pädagogischen Themen zu sprechen. Als Hausaufgabe rege ich an, Schlagwörter zu benennen für die vorgestellten Situationen, unter denen man nachschauen könnte, um weiterführende Literatur zu finden; allerdings würde es den Rahmen des Seminars sprengen, in diese Diskussionen einzusteigen, hier geht es um die Kompetenz, eigene biografische Erfahrungen für sich selbst und andere darstellen zu können; darüber hinaus um die Kompetenz, beim Zuhören Empathie zu erleben, sich identifizieren zu können und in einem „Sharing" mit dem Protagonisten/der Protagonistin, der/die gerade eine biografische Schlüsselsituation erzählt hat, das Gefühl zu teilen, ihm/ihr zu verstehen zu geben, dass er/sie nicht alleine ist mit dieser Erfahrung. Und schließlich geht es für den Protagonisten/die Protagonistin darum zu erleben, als erwachsene Person diesen Erfahrungen nicht mehr hilflos ausgeliefert sein zu müssen, sondern konstruktiv damit umgehen zu können. Im Sinne der Resilienzforschung kann geschaut werden, wie diese Erfahrung für die weitere Entwicklung genutzt werden konnte. Im Sinne eines Reframings kann eine neue Perspektive auf diese Erfahrung hin eingenommen werden. Die dargestellte Erfahrung hat auch den Zweck, dass die meisten Anwesenden etwas verstanden haben von der Not dieses Kindes, und das könnte einen wichtigen Beitrag leisten zur Sensibilisierung und auch Professionalisierung der angehenden Lehrkräfte. Die positiven Erfahrungen sind ermutigend. Schulgeschichten zu hören, in denen etwas gut gelungen ist, machen Lust auf den Beruf und zeigen modellhaft Lehrer/innen/verhalten, das als Geschichte erzählt, inspiriert zu eigenem konstruktiven Verhalten! Meine Erfahrung sagt, dass es kostbare Zeit ist, auch drei Sitzungen mit diesen Geschichten zu verbringen, da hier intensives biografisches Lernen stattfindet. Die Teilnehmer/innen lernen sich in einer Weise kennen, die sehr viel Verständnis öffnet für jede/n einzelne/n. Außerdem werden es im Moment der Identifikation mit den Protagonist/inn/en immer mehr oder weniger die eigenen Geschichten, wodurch die Empathie- und Selbstreflexionsfähigkeit geübt wird. Es wird auch in der Schule nicht ein Leben ohne Verletzungen geben, aber die schlimmen Geschichten bergen das Potenzial, die angehenden Lehrer/innen in gewisser Weise zu „imprägnieren" gegen eigene kränkende Verhaltensweisen, da sie Geschichten gehört haben, wie dieses Verhalten Kindern und Jugendlichen „unter die Haut geht".

Ich schreibe hier so ausführlich über diesen Teil des Seminars, da er derjenige ist, den mir die Studierenden im Nachhinein als den beschreiben, der sie am meisten beeindruckt hat. Ich habe erlebt, dass Studierende in dieser Phase von Erfahrungen erzählt haben, die sie bisher noch keinem erzählt haben. In den Geschichten wird unter anderem spürbar, wie einsam und ausgeliefert Kinder in der Schule sein können, und es besteht die berechtigte Sorge, dass Lehrer/innen zur Wiederholung von erlittenem Unrecht neigen, wenn sie diese Erfahrungen nicht bearbeitet haben. Es berührt mich sehr, wenn Studierende nach diesen Sitzungen zeigen, dass sich für sie ein Knoten gelöst hat, dass sie freier und selbstbewusster sind. Dauber spricht bei dieser Kompetenz auch von der Fähigkeit zur Selbstwertschätzung (Zentrum für Lehrerbildung der Universität Kassel 2008, 8). Wenn wir möchten, dass Schüler/innen in einer Atmosphäre von Wertschätzung[12] lernen, ist die Selbstwertschätzung der Lehrer/innen ein wichtiger Schlüssel dazu!

Zum Abschluss dieser Einheit geht es auch hier wieder um das anstehende Praktikum: Welche Beobachtungen will ich im OP machen, wie kann ich diese aktiv unterstützen, welche Fragen stelle ich mir, wenn ich jetzt nicht mehr als Schüler/in dorthin gehe sondern als jemand, der/die die Seite wechselt. Wenn die Gruppe groß ist, können nicht alle Installationen im Plenum besprochen werden, dann werden die Geschichten nach einer vorgegebenen Struktur in den Lernteams erzählt.

Ich habe in dieser Einheit angedeutet, wie aus Erfahrungen und Selbstreflexionen ein Weg zur Theorie gebahnt werden kann. Eine Situation als „fragwürdig" erleben, schauen, welche pädagogischen Themen darin stecken, formulieren von Oberbegriffen und Schlagwörtern, zu diesen wiederum dann Literatur recherchieren z. B. in der pädagogischen Datenbank FIS[13], dies ist die Hausaufgabe für die nächste Sitzung. So lernen die Studierenden einen Ansatz kennen, mit dem sie in der Praxis durch Theorie neue Perspektiven erhalten können.

8. und 9. Sitzung: Antinomien des pädagogischen Handelns – von der Theorie zur (Selbst-)Reflexion

Im folgenden Abschnitt möchte ich kurz skizzieren, wie dieser Weg auch umgekehrt erfolgen kann, wie also *Theorie* einmünden kann in Selbstreflexion. Einer der beiden obligatorischen Theorietexte stammt von Werner Helsper (2007), er stellt die *Antinomien* des pädagogischen Handelns dar.

Die Studierenden lesen den Aufsatz arbeitsteilig nach Lernteamzugehörigkeit und bringen in die nächste Sitzung eine Visualisierung „ihrer" Antinomie mit. Diese stellen sie sich gegenseitig in ihren Lernteams vor. Sie erarbeiten und diskutieren die Antinomie, dann finden sie Beispiele aus dem pädagogischen Alltag dazu. Schließlich erarbeiten sie eine Form, in der sie „ihre" Antinomie den anderen Lernteams vorstellen. Dazu gehört auch, dass sie die Implikationen entfalten, die diese Widerspruchskonstellation für die eigene Lehrer/innen/persönlichkeit mit sich bringt. Als Beispiel nenne ich hier die „Antinomie von Nähe und Distanz". Viele entscheiden sich für ein Lehramtsstudium, weil sie Kinder mögen und viel Nähe mit Kindern und Jugendlichen anstreben. Dass diese Nähe nicht immer günstig die eigene Professionalität unterstützt, ist für viele ein Aha-Erlebnis; in den beiden letzten Semestern stand bei diesem Thema unvermeidlich der Missbrauchsskandal im Raum, aber auch die Frage nach Gerechtigkeit (Kann ich allen Schüler/inne/n gleich nah sein?) und Gefährdung durch Burnout (Wie viel Nähe zu den Schüler/inne/n halte ich aus, wie kann ich mich abgrenzen?) sind wichtige Aspekte dieser Antinomie. Dabei geht

---

12 Der Hirnforscher Gerald Hüther sagt in vielen seiner Publikationen, dass Lernen in einem Angstkontext nicht gelingen kann, denn wenn das Gehirn mit der Bewältigung der Angst beschäftigt ist, kann es in dem Moment nicht frei für neue Inhalte sein.

13 Fachportal Pädagogik, FIS Fachinformationssystem Bildung: http://www.fachportal-paedagogik.de/fis_bildung/fis_form.html (Stand 03.07.2012)

es nicht darum, das „richtige" Verhalten zu finden, vielmehr kann diese Entscheidung immer nur als individuelle Passung geschehen, die kommunizierbar und Argumenten zugänglich sein sollte.[14] Auch aus der Beschäftigung mit den Antinomien lassen sich individuelle Beobachtungsschwerpunkte für das Praktikum ableiten, was die Hausaufgabe für die nächste Sitzung ist.

Wenn die Studierenden die Grundstruktur pädagogischen Handelns reflektieren als eine, die immer schon geprägt ist durch eine nicht aufhebbare Widersprüchlichkeit, dann beginnt in dieser Reflexion eine neue Etappe der „Expedition Orientierungspraktikum". Für die angehenden Lehrer/innen hat dies etwas vom „Sündenfall" der Pädagogik; wenn sie von den „Früchten der Widersprüchlichkeit" gekostet haben, werden sie vertrieben aus dem „Paradies der eindeutigen Wertungen". Die Folgen können mit „Bauchgrummeln" des Nicht-mehr-Wissens, was richtig ist, einhergehen; sie sollten dann aber zu einer neuen Freiheit und Verantwortlichkeit führen, in der die angehenden Lehrer/innen die Widersprüche als Herausforderungen verstehen, die sie gestalten können und sollen. Helsper schreibt: „An die Stelle einer Legitimation des pädagogischen Handelns durch die Rückendeckung des Allgemeinen und die Gratiskraft des normativ Selbstverständlichen wird die Person des Pädagogen gerückt, der stellvertretend dafür bürgt, wie mit der Unsicherheit, der kulturellen Vielfalt und den Orientierungsaufforderungen umgegangen werden kann" (Helsper 2007, 23).

10. und 11. Sitzung: Die Wirkung der eigenen Person in Rahmen der Rolle wahrnehmen

Die „Person des Pädagogen/der Pädagogin" ist das Stichwort, um in der nächsten Phase des Seminars die dritte pädagogische Basiskompetenz, die *Handlungskompetenz*, zu erkunden.[15] Hier geht es um die Reflexion der Wirkung, die eine Person durch ihr Handeln erreicht; dazu wird ein Übungssetting geschaffen, in dem ein/e Studierende/r sich zwei Minuten vor einer neuen Klasse präsentiert. Er/sie stellt sich als Praktikant/in vor und nimmt Kontakt auf zu der neuen Lerngruppe. Die Seminargruppe „spielt" die Klasse, es sollen keine herausfordernden pädagogischen Szenen inszeniert werden, vielmehr soll die Klasse auf der Metaebene genau beobachten, wie der Kollege/die Kollegin agiert und welche Wirkungen durch diese Aktionen entstehen. Die Kunst besteht im Feedbackgeben, das immer am beobachtba-

---

14 Helsper (2007, 26) ermutigt hier zum Experimentieren, es geht bei allen Antinomien um ein situatives Ausbalancieren. Im Kontext dieser Antinomie erwähnt Helsper das Thema Supervision im Sinne eines hilfreichen Reflexionselements für Lehrer/innen in der Beziehungsarbeit mit Schüler/inne/n: „Von dieser Grenzziehung aus sind aber experimentelle Handlungen erforderlich, was auch zu krisenhaften Erfahrungen und emotionalen Verstrickungen führen kann, (…). Dazu aber bedarf es der systematischen Reflexion des eigenen Handelns. In Form von teambezogener Fallarbeit oder Supervision können Verstrickungen in die Spannungen pädagogischen Handelns zugänglich gemacht und auch die biographischen Anteile an dieser Verstrickung reflektiert werden (vgl. Bernfeld 1973)."
15 Vgl. Beitrag von Daniels in diesem Band.

ren Verhalten und ressourcenorientiert ansetzen soll. Spannend an dieser Übung ist die Diskrepanz von Vorstellung und Realisation; Studierende nehmen sich vor, in einer bestimmten Weise zu wirken, diese Projektion kommt aber nicht immer in der gewünschten Weise beim Gegenüber an. Der Gewinn der Übung besteht im Aufhellen der blinden Flecken. Da sie in einer wertschätzenden Atmosphäre durchgeführt wird, sind die Studierenden sehr interessiert, etwas über ihre Wirkung zu erfahren. Es geht hier nicht um einen rhetorisch und körpersprachlich perfekten Auftritt, vielmehr das Sichtbarmachen der eigenen Person im Rahmen der Rolle. Jeder Auftritt liefert neuen Anlass, um dieses Verhältnis zu reflektieren. Die Reflexion wird präsent und lebendig durch das aktuell gemeinsam Erlebte. Ein besonderer Lerneffekt besteht darin, dass dieselbe Verhaltensweise sehr verschieden wahrgenommen und gedeutet wird, eine wichtige Lektion hinsichtlich eines konstruktivistischen Kommunikationsverständnisses und der Wirkweise von Interventionen.[16]

12. Sitzung: Die Rolle als Praktikant/inn/en in der Schule

Diese Sitzung ist für die Studierenden handlungsrelevant, da es im Sinne des Expeditionsgedankens um die Vorbereitung der Landung am Zielort Schule geht. Wir erkunden „Landkarten" und reflektieren die *Rolle als Praktikanten/Praktikantin* als Gäste auf Zeit mit einer Aufgabe.[17] Wichtige Fragen, zu denen wir uns austauschen: Wie könnten Lehrer/innen auf Praktikanten/Praktikantinnen reagieren? Was haben die Lehrer/innen von mir als Praktikant/Praktikantin? Wie nehme ich Kontakt auf?

Damit für die Zeit des Praktikums eine tragfähige Idee entsteht, bearbeiten die Studierenden neben den verbindlichen Portfolioaufgaben die folgende „zirkuläre Frage" als Hausaufgabe: *„Stellen Sie sich vor, das Praktikum liegt eine Woche hinter Ihnen, und Sie sind höchst zufrieden! Was ist passiert, und vor allem, was haben Sie selbst dazu beigetragen?"* Durch die in die Zukunft verlagerte abgeschlossene Vergangenheit soll im Sinne einer Bahnung die aktive Gestaltung und Beeinflussbarkeit der Situation angeregt werden.

13. Sitzung: Reflexion des bisherigen Prozesses

Ein Austausch zu den Hausaufgaben inspiriert die Studierenden zu Eigeninitiative und Selbstverantwortung am Lernort Schule.

Wir reflektieren dann miteinander die zurückliegenden Sitzungen und vieles bekommt im Nachhinein erst seine Sinnhaftigkeit. Ich erlebe Studierende, die jetzt

---

16 Auf einem systemisch-konstruktivistischen Hintergrund werden Menschen als „autopoetische Wesen" verstanden, die nicht einfach verändert werden können, und Helsper zitiert Luhmann/Schorr, wenn er vom „Technologiedefizit pädagogischen Handelns" spricht. (Helsper 2007, 18)
17 Diese sind durch das Portfolio und die Standards des Ministeriums vorstrukturiert, vgl. Beitrag von Kricke/Reich in diesem Band.

nicht mehr danach fragen, wie etwas „richtig" ist. Stattdessen haben sie einen Blick für Zusammenhänge entwickelt und sie sind bereit, in Kontakt zu gehen, sie stellen ihre eigenen Fragen, sie haben Ideen für Beobachtungsschwerpunkte.

So lasse ich sie gerne „von Bord" gehen, und ich bin gespannt, mit welchen Erfahrungen und Fragen sie zu den Begleitveranstaltungen zurückkommen.

Ausblick

Die Phase der Begleitveranstaltungen und der Nachbereitung müsste in einem eigenen Beitrag vorgestellt werden. Hier nur so viel: In den Begleitveranstaltungen wird mit der Methode der Kollegialen Fallberatung die vierte Basiskompetenz vorgestellt und eingeübt, die *Sozialkompetenz*. Es entstehen vielfältige Situationen, um Theorie-Praxis-Verknüpfungen herzustellen. In der Nachbereitung bekommen verschiedene Formen des Feedbacks einen zentralen Stellenwert.[18]

Im Sinne der Expeditionsmetapher möchte ich mit einem Aphorismus schließen, der die Aufbruchstimmung zum Ausdruck bringt, zu der Dimensionen der Reflexion im Sinne des Empowerments einladen wollen:

> *Auch der richtige Wind*
> *bringt mein Boot*
> *nicht an sein Ziel,*
> *wenn ich es nicht losbinde.* (Karin Jahnke)[19]

---

18 S. Beitrag in diesem Buch von Aldermann/Barausch-Hummes.
19 FAZ, 03.11.2006, S. 9.

Bettina Amrhein & Meike Kricke

Lehrer/innen/bildung für eine inklusive Schule: Chancen portfoliogestützter Reflexionsarbeit in der Begleitung von (Orientierungs-)Praktika

Wenn Tina Hascher (2011) vom „Mythos Praktikum" spricht, dann bezieht sie sich auch auf neuere Untersuchungen, die die berufspraktische Ausbildung im Rahmen des Lehramtsstudiums hinterfragen. Dabei geht dieser Mythos von der ungeprüften Überzeugung aus, dass Praktika eine zentrale Bedeutung für die Professionalisierung hätten (Teml/Teml 2012, 10). Folgt man Arnold et al., so sind Praktika als „Herz-stück der Lehrerbildung" jedoch heftig umstritten (2011, 73). Als Chance werden daher in der theoretischen Diskussion „Reflexive Praktika" gefordert (Herzog 1995). Ihr Ziel ist es, die Studierenden zur Reflexion ihrer berufspraktischen Erfahrungen auf ihrem Professionalisierungsweg anzuregen und sie dabei beratend zu begleiten.

Dieser Beitrag geht der Frage nach, wie das in NRW obligatorisch eingeführte *Portfolio Praxiselemente* als Reflexionsinstrument sinnvoll für die Professionalisierung angehender Lehrkräfte in Bezug auf die anstehenden Entwicklungsprozesse in Richtung Inklusion genutzt werden kann. Dabei werden ausgewählte Methoden und erste empirische Ergebnisse aus einem Pilotseminar vorgestellt.[1]

Reflexive Praktika und Portfolioarbeit

In Anlehnung an Combe/Kolbe (2004, 835) und Wildt (1995, 2003) betonen Häcker/Winter Reflexionskompetenz als „Schlüsselkompetenz von Professionalität": „Die Komplexität pädagogischer Handlungssituationen macht es erforderlich, dass Lehrkräfte sich nicht nur ‚in tradierten Schemata' bewegen und reagieren, sondern aktiv in der individuellen Situation handeln – dafür bedarf es eines hohen ‚Maßes an Bewusstheit'. Entsprechend wird Reflexivität (…) als Schlüsselkompetenz von Professionalität aufgefasst." (2009, 229)

Folgt man Häcker/Winter (2009, 292), verspricht Portfolioarbeit diese Reflexivität zu fördern. Dabei wird jedoch auch nicht verschwiegen, dass wir es hier mit einer besonders anspruchsvollen Situation zu tun haben, die an bestimmte Voraussetzungen im didaktischen Setting gebunden ist: „Die Einführung von Portfolioarbeit bedarf, wenn sie nachhaltig in der Lehrer/innen/ausbildung verankert werden soll, einer stimmigen Einbettung in ein didaktisches Gesamtkonzept" (Häcker 2012, 263).

---

1   Eine vertiefte empirische Analyse ist in Planung (Amrhein/Kricke 2013).

Inklusion – neue Anforderungen an die Lehrer/innen/bildung

Nordrhein-Westfalen schreibt im Lehrerausbildungsgesetz (LABG) fest, dass das Land und die Hochschulen eine Lehrer/innen/ausbildung gewährleisten, die die Bedürfnisse der Schulen berücksichtigt (vgl. LABG 2009, §1 (1)). Somit hat die Lehramtsausbildung qua Gesetz die Verpflichtung, Studierende aller Lehrämter auf die sich rapide verändernde Schullandschaft in Richtung Inklusion und damit auf den Unterricht in immer heterogener werdenden Lerngruppen vorzubereiten. Lehrkräfte können zukünftig nicht mehr erwarten, Schüler/inne/n gegenüberzustehen, die originär einer Schulform zugeschrieben werden.

Die strukturelle Trennung der aktuellen Lehramtsausbildung in unterschiedliche Lehrämter steht jedoch im starken Widerspruch zu dieser Entwicklung hin zu einem „inclusive school system at all levels" (UN-Konvention 2006) und die aktuelle Lehrer/innen/bildung gerät dadurch in eine Schieflage. Durch den in allen Ländern zahlenmäßig sehr unterschiedlichen Anstieg von Schüler/inne/n mit sonderpädagogischem Förderbedarf an Regelschulen[2] ist es immer wahrscheinlicher, dass Studierende schon in ihren universitären Praxisphasen mit integrativen/inklusiven Settings in Berührung kommen, und daher wichtig, dass diese Erfahrungen auch reflexiv begleitet werden.

Die momentane Ausbildungssituation nimmt Lehramtsstudierenden trotz dieser Entwicklungen die Möglichkeiten über die engen Lehramtsgrenzen hinweg, Schule und ihre zukünftige Lehrer/innen/rolle in inklusiven Settings zu reflektieren.

Für NRW konnte in einer Studie gezeigt werden, dass Lehramtsstudierende zurzeit auf diese neue Situation nicht angemessen vorbereitet werden (Amrhein 2012). An nur zwei Standorten (Köln/Dortmund) werden zukünftige Sonderschullehrkräfte ausgebildet und viele der angebotenen Lernveranstaltungen, die im Titel Heil-, Sonder-, oder Förderpädagogik tragen, sind auch nur für das Lehramt Sonderpädagogik zugelassen. Es konnten lediglich an vier von elf verschiedenen Universitäten lehramtsübergreifende Veranstaltungen zu sonderpädagogischen Grundlagen für alle Lehramtsstudiengänge gefunden werden. Damit bleibt die Trennung der Lehramtsstudiengänge insbesondere zwischen der Sonderpädagogik und den Regelstudiengängen weiterhin bestehen. Ein Großteil der recherchierten Veranstaltungen ist dem Bereich der Bildungs- bzw. Erziehungswissenschaften zugeordnet und nicht den Fächern. Die Notwendigkeit einer inklusiven Ausgestaltung des Fachunterrichts ist in den Fachwissenschaften und Fachdidaktiken noch nicht angekommen. Veranstaltungen zum Thema Vielfalt, Heterogenität und Diversität sind gehäuft für das Lehramt Grundschule zu finden. Die Praxisphasen sind nicht an Inklusion ausgerichtet. Das Angebot bleibt, wenn überhaupt, freiwillig wählbar.

---

2 Vgl. http://www.bertelsmann-stiftung.de/cps/rde/xbcr/SID-E316F5D1-9B79184A/bst/xcms_bst_dms_35788_35789_2.pdf (Stand 09.11.2012).

Das Pilotseminar

Diese Leerstelle in der momentanen Ausbildung von Studierenden aller Lehrämter hat uns dazu bewogen, ein Seminarkonzept zu entwickeln, welches zumindest
einigen Studierenden[3] aktuell die Chance bietet, bereits in einer frühen Phase ihres Studiums theoretisch wie praktisch in Kontakt mit Konzepten zum Umgang mit
Verschiedenheit in der Schule zu kommen. Dabei wird die eigene reflexive Auseinandersetzung mit dem Thema der schulischen Inklusion ganz zentral befördert. Gerade zu Beginn der Seminararbeit wurde dabei deutlich, wie wenig Vorerfahrungen
die Teilnehmer/innen mit dem Thema der schulischen Inklusion hatten.

Einführend möchten wir die Bedeutsamkeit für das Arbeiten an „tradierten Schemata" (Häcker/Winter 2009, 229) und „subjektiven Theorien" in Bezug auf das Thema Inklusion anhand eines Beispiels aus der Seminararbeit verdeutlichen. Die Studierenden hatten die Aufgabe, nach dem Praktikum eigene Text zu verfassen, in
welchem sie sich mit dem Umgang mit Vielfalt an der eigenen Praktikumsschule
auseinandersetzen sollten.

> „Der Schüler bedarf dieser Aufmerksamkeit, denn ansonsten ist er nicht in der
> Lage, die Aufgaben zu lösen. Es mangelt an selbständigem Arbeiten. Wenn er kurz
> aus dem Auge gelassen wird, verhält er sich unangemessen. Er neigt dazu, bei an-
> deren Kindern die Lösungen oder die bearbeiteten Aufgaben anzuschreiben oder
> sich physisch falsch zu benehmen. Dieses Fehlverhalten wirkt sich auf seine Klas-
> senkameraden aus, die sich gelegentlich auf einen Kampf mit ihm einlassen oder
> sein Fehlverhalten nachahmen (z. B. laut schreien, sich auf den Boden schmeißen
> etc)".[4]

Hier wird deutlich, wie wichtig die Klärung der eigenen Grundhaltung zum Umgang
mit Verschiedenheit zu sein scheint. Wenn wir Inklusion als willkommen heißenden
Umgang mit Vielfalt definieren (Booth 2003), dann ist die Art, wie hier noch in einer sehr frühen Phase des eigenen Professionalisierungsprozesses auf Verhalten in
der Schule geblickt wird, für intensive Reflexionsarbeit sehr gut geeignet. Das Seminarkonzept folgte dem Grundgedanken, Studierende dabei zu unterstützen, sich mit
der eigenen Grundhaltung in Bezug auf Inklusion im schulischen Kontext reflexiv
auseinanderzusetzen. Unterschiedliche theoretische wie praktische Ansätze zum Thema Inklusion dienten hier als Reflexionsfläche.

Als Grundvoraussetzung der Teilnahme stimmten alle Studierenden zu, ihr Orientierungspraktikum im gemeinsamen Unterricht (GU) zu absolvieren und die eigene Entwicklung – auch in Bezug auf das Thema Inklusion im obligatorischen
Portfolio Praxiselemente zu dokumentieren. Zudem arbeiteten alle Studierenden kon-

---

3   Das Zentrum für LehrerInnenbildung der Universität zu Köln (ZfL) plant das Angebot an in-
    klusionsorientierter Praxisphasenbegleitung stetig auszubauen und weiterzuentwickeln.
4   Textstelle entnommen aus einem Portfolio eines/einer Studierenden im WS 2011/2012.

sequent in heterogenen (schulformübergreifenden) Lernteams (vgl. Kricke/Reich in diesem Band).

Folgende Abbildung zeigt die vier Eckpfeiler dieser neuen Seminarkonzeption. Die vier begrifflichen Eckpunkte bilden ein integriertes Konzept zur Begleitung des Orientierungspraktikums mit besonderem Blick auf inklusive Schulentwicklungsprozesse.

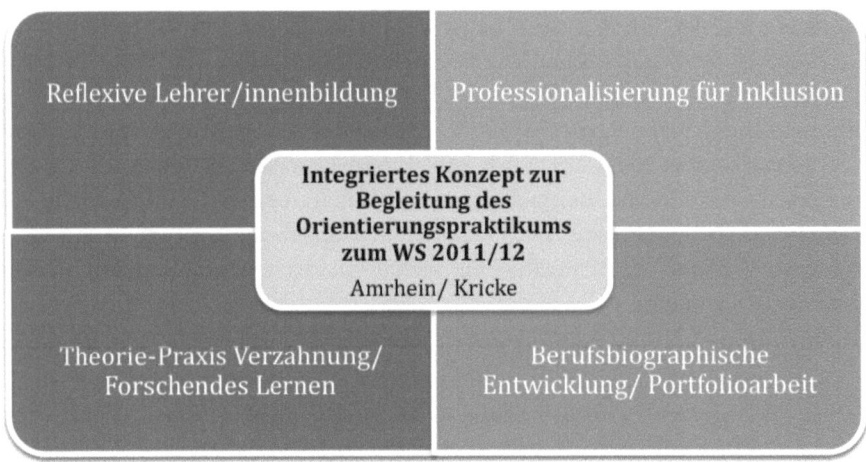

Abbildung 1: Inhaltliche Eckpfeiler der Seminarkonzeption

Philosophie der Pilotveranstaltung

Mit Seminarstart äußerten die Studierenden ihre Wünsche innerhalb der Seminararbeit und konnten in die gemeinsamen Seminarregeln (siehe Anhang unter www. waxmann.com/buch2779) eigene Vorstellungen und Arbeitsweisen einbringen.

Reich (2008) beschreibt in seiner konstruktivistischen Didaktik, dass „Beziehungen im Lernen (…) die entscheidende Lernumgebung" (Reich 2008b, 16) darstellen. Da die Reflexion der eigenen Grundhaltung im Mittelpunkt des Konzeptes stand und eine lernförderliche Umgebung für konstruktive Reflexions- und Beratungsarbeit Voraussetzungen ist, folgte das Seminar diesem Grundgedanken: Dabei leiteten uns die Aspekte Multiperspektivität (verschiedene Sichtweisen/heterogene Lerngruppe), Multiproduktivität (verschiedene Produkte entstehen – je nach Stärken und Vorlieben aller Teilnehmer/innen) und Multimodularität (jede/r Lerner/in hat verschiedene Lernzugänge) (vgl. Reich 2008b, 254) – drei Leitgedanken, die sich auch in Ansätzen einer inklusiven Didaktik wiederfinden lassen.

Durch die obligatorische Lernteamarbeit wurde eine konsequente Dialog- und Perspektivenvielfalt innerhalb der Seminararbeit gefördert. Die Portfolioarbeit wurde als Grundlage der reflexiven Beratung genutzt. Der dahinter liegende Beratungsbegriff verstand sich nicht als „Rat gebend" in Bezug auf die eigene Entwicklung, sondern viel mehr dahingehend, dass Studierende ihre erlebten Situationen reflektierten und in der Beratung zur Entwicklung eigenständiger Lösungen angeregt wurden (vgl. Teml/Teml, 13). Dieses Vorgehen beschreiben wir zusammengefasst: Von der Belehrungssituation zur Beratungssituation.

Die im Folgenden beschriebenen Methoden stellen lediglich eine kleine Auswahl des didaktischen Gesamtkonzeptes dar, die innerhalb der Portfolioarbeit als Reflexionsgrundlage gesammelt wurden. Während der Seminararbeit ergaben sich daraus weiterführende Fragen auf Seiten der Studierenden, die sie während ihres Praktikums „erforschen" wollten.[5]

Seminarmethoden

Die Arbeitstheorie

Ein sich durch die gesamte Portfolioarbeit ziehendes Reflexionsinstrument ist die sogenannte „Arbeitstheorie" (vgl. Bildungsserver Hessen; Artikel Kricke/Reich). Diese stellt keine wissenschaftliche Theorie dar, sondern die Vorstellungen und Ideen, die Studierende über ihre zukünftige Tätigkeit als Lehrer/in mitbringen. Sie basiert auf den subjektiven Theorien der Studierenden und wird zu Beginn des Studiums und nach jeder Praxisphase erneut anhand von Leitfragen verfasst. Um das Thema der Inklusion aufzugreifen erweiterten wir diese um die Frage *„Heterogenität und Vielfalt bedeuten für mich ... "*. Diese Dokumente bildeten zudem die Grundlage für die individuellen *Feedbackgespräche* im Rahmen des Seminarkonzeptes.

Im Vergleich zwischen erster und zweiter Arbeitstheorie lassen sich die an den Schulen mit GU gemachten Erfahrungen zur Reflexion aufgreifen. Im Folgenden zeigen zwei Bespiele, wie sich durch die berufspraktischen Erfahrungen mit Vielfalt sowie die begleitenden theoretischen und reflexiven Auseinandersetzungen, der Blick auf Heterogenität in der Schule weiter ausschärfen kann.

---

5 Zum Beispiel:
   – Wie gehen die Kinder miteinander um?
   – Wie wird Inklusion im Alltag gelebt?
   – Meinungen und Erfahrungen von Lehrer/inne/n zum Thema Inklusion
   – Wie gehen die Lehrer/innen auf die verschiedenen Kinder ein?
   – Wie gut können die GU-Kinder in die Klasse integriert werden und wo stößt das GU-System an seine Grenzen?

Tabelle 1: Vergleich von erster und zweiter Arbeitstheorie

erste Arbeitstheorie	zweite Arbeitstheorie
„Guter Unterricht bedeutet für mich, dass der Lehrer auf jedes Kind Rücksicht nehmen muss, denn in jeder Klasse gibt es mindestens einen ‚schwierigen‘ Schüler. Wegen solchen Kindern ist es für den Lehrer wichtig mit Institutionen zu kooperieren, die mithelfen diese Kinder zu fördern. (…) Gleichberechtigung ist ein zentraler Begriff, denn alle Kinder haben das Recht zu lernen. (…) Die Schwierigkeit liegt im Umsetzen. Vor allem die Aufgabe ‚Wie kann ich auf die Bedürfnisse aller Kinder in der Klasse eingehen?‘, ist schwierig zu lösen.“	„Inklusives Lernen erfolgt vor allem dadurch, dass die Schüler in allen Lerngruppen gemeinschaftlich unterrichtet werden. Dabei werden nicht nur Schüler mit Integration und sonderpädagogischem Förderbedarf berücksichtigt, sondern vielmehr werden integrative und multikulturell angelegte Unterrichtsinhalte verwirklicht. Die Leistungsmessung und -bewertung wird in Kompetenzentwicklungsberichten und Zertifikaten dargestellt.“
„Bzgl. des Umgangs mit Vielfalt und Heterogenität fällt mir zunächst der Begriff der Herausforderung ein. Ich denke, dass mit der Vielfalt an Schülern und ihrem z.T. schwierigen Umfeld auch die Ansprüche an einen Lehrer wachsen. (…) Der Lehrer ist gezwungen, sich vom Rasterdenken zu entfernen und eigene Gedanken und Erfahrungswerte in den Umgang mit der Vielfalt der Schüler einzubringen.“	„Ich war sehr beeindruckt wie viele unterschiedliche Charaktere sich in einem Alter zwischen 10 und 12 Jahren bereits herausbilden. (…) Und trotz dieser sehr verschiedenen Kinder konnte in irgendeiner Form gemeinsam Unterricht gemacht werden. Das hat mich sehr beeindruckt.“

Der Vergleich der beiden Arbeitstheorien zeigt deutlich, dass im Bereich der ersten Arbeitstheorie noch ein sehr diffuses, auch leicht verunsicherndes Bild von Heterogenität gezeichnet wird. Die zweite Arbeitstheorie weist bereits einige konkrete Beispiele zum Umgang mit Verschiedenheit in der Schule auf.

Eigene Bildungsbiografie: Meilensteine

Den Einstieg in die gemeinsame Seminararbeit bildet die Thematisierung der eigenen Bildungsbiografie. Die Studierenden werden gebeten, den eigenen Weg durch unterschiedliche Bildungsinstitutionen mit Hilfe von Moderationskarten bildlich darzustellen; dabei bildet jede Karte einen entscheidenden Meilenstein im jeweiligen Entwicklungsverlauf. Diese Arbeit brachte sehr deutlich zum Vorschein, dass Lehramtsstudierende zwar mehrheitlich gymnasial sozialisiert zu sein scheinen, sich jedoch durchaus auch sehr unterschiedliche Entwicklungsverläufe finden lassen. Der Dialog über diese vielfältigen Wege zum Studium provozierte bei Studierenden auch ein Nachdenken über Chancen und Grenzen des deutschen Systems. Es zeigte sich, dass den meisten Teilnehmer/inne/n des Pilotseminars Bildungsdisparitäten im deutschen Schulsystem wenig bekannt sind.[6]

---

6   Vgl.: http://www.chancen-spiegel.de/ (Stand 31.10.2012).

Dabei scheint uns das empirisch abgesicherte Wissen über Bildungsdisparitäten im deutschen Schulsystem für die Entwicklung einer eigenen Grundhaltung zum Thema Inklusion im schulischen Kontext ein sehr zentraler Zugang zu sein. Die Studierenden verarbeiteten diese Meilensteine ebenfalls anhand von Hilfsfragen im Rahmen ihres *Portfolios Praxiselemente*.

Gastbeitrag[7]

Kritische Innenansichten auf das deutsche Förderschulsystem erhielten die Studierenden in einer Sitzung durch den Besuch von Dr. Carsten Rensinghoff, der die Studierenden an seinen Erlebnissen teilhaben ließ, indem er Auszüge aus seiner autobiografisch geprägten Publikation (Rensinghoff 2012) vorlas. Die Textauszüge forderten die Studierenden heraus, auch besonders kritische Fragen in Bezug auf sein persönliches Erleben im System zu stellen. So entwickelte sich schnell eine sehr persönliche und dadurch möglicherweise auch besonders nachhaltig wirksame Gesprächssituation, welche zahlreiche Studierende in ihre Arbeit am Portfolio mit einfließen ließen.

Bildungspolitisches Symposium NRW

Durch den großen Handlungsdruck, der zurzeit auf allen Akteur/inn/en in Bezug auf das Thema „Inklusion" wirkt, ergeben sich vielfältige Chancen, den Lernort Hochschule in Bezug auf das Thema auch zu verlassen: Ihre Teilnahme am bildungspolitischen Symposium 2012, auf dem die Bedeutsamkeit und das Thema eines inklusiven Schulsystems von verschiedenen Akteur/inn/en aus Politik, Schule und Forschung beleuchtet wurde, bewerteten die Studierenden im anschließenden Feedback-Gespräch überwiegend positiv: Sie konnten anhand der unterschiedlichsten Beiträge zahlreiche Anknüpfungspunkte zur bisherigen Seminararbeit herstellen und so auch die bildungspolitische Bedeutung des Themas „hautnah" erleben, sowie im Portfoliokontext schriftlich weiterbearbeiten.

Projektorientiertes Arbeiten

Um das Thema der schulischen Inklusion inhaltlich zu vertiefen, arbeiteten die Studierenden eigenständig innerhalb ihrer Lernteams an selbst gewählten Schwerpunktthemen. Das projektorientierte Arbeiten lud dazu ein, eigene Vorgehensweisen zu wählen (Multimodularität), und auch eigene „Produkte" zu erstellen (Multiproduktivität) (vgl. Reich 2008b, 254). So konnte demokratisches und dialogisches Lernen angebahnt werden. Als Arbeits- und Strukturierungshilfen erhielten die Studierenden Materialpackages (Methodenkiste) und verschiedene Leitfäden (siehe Materialsammlung unter www.waxmann.com/buch2779).

---

7   Beitrag im lokalkompass.de: „Inklusion Behinderter – ein Beitrag in der LehrerInnenbildung" (http://www.lokalkompass.de/witten/kultur/inklusion-behinderter-ein-thema-in-der-lehrerinnenbildung-d120295.html) (Stand 31.10.2012).

Inhaltliche Schwerpunktthemen der projektorientierten Arbeit in Lernteams waren:

- Von der Integration zur Inklusion
- Zur Rolle der sonderpädagogischen Förderung im inklusiven Setting
- Individuelle Förderung, individuelles Lernen, inklusive Didaktik
- Aktuelle bildungspolitische Entwicklungen um die Herausbildung eines inklusiven Schulsystems (NRW)
- Geschichte der Inklusion
- Inklusive Schulentwicklung mit dem Index pro Inklusion
- Was ist eine inklusive Pädagogik?
- Internationale Entwicklungen um Inklusion
- Best practice: Inklusion an Schulen! (national/international)

Walt-Disney-Methode[8]

Die Walt-Disney-Methode beruht auf der Kreativitätsförderung Walt Disneys und wurde von R. Dilts zu einer selbstständigen Methode weiterentwickelt. Gerade in Bezug auf die „tradierten Schemata", die Studierende erfahrungsgemäß auf Grundlage der eigenen Bildungsbiografie mitbringen, kann die Methode Visionen über ein inklusives Schulsystem eröffnen:

Die Methode basiert auf folgenden drei „Rollen": der/die Träumer/in (Visionen, Ideen), der/die Realist/in (Umsetzung), der/die Kritiker/in (Qualitätsmanagement). Diese Rollen nehmen die Teilnehmer/innen ein, um einem Thema/einer Fragestellung etc. entweder als Einzelpersonen oder als Gruppe nachzugehen. Um sich auf die einzelnen Perspektiven einzustimmen, bietet sich ein Probelauf an, in dem folgende Leitfragen behilflich sein können:

Traumperspektive: Was war für Sie ein kreativer/schöner Moment? Realistische Perspektive: Wann haben Sie eine Situation strategisch gut gelöst? In der Kritikerecke geht es darum, sich zu erinnern, wann sie oder er eine Situation kritisch analysiert hat.

Innerhalb der Seminararbeit zum Thema „Inklusion" kann dazu gearbeitet werden, in dem die drei Perspektiven räumlich voneinander getrennt aufgebaut werden und jeder Raum/jede Ecke mit Materialien zu einem stummen Schreibgespräch versehen wird (Flipchart-Papier). Die Studierenden „wandern" anschließend (entweder als Einzelpersonen, in Lernteams/Gesamtgruppe) von Ecke zu Ecke und halten auf Flipchartpapier ihre jeweiligen Ideen zu den einzelnen Perspektiven fest (Visionen, verrückte Ideen, etc.). Diese Ideen werden dann in der Realistischen Ecke „geprüft" – folgende Leitfragen können behilflich sein: Was muss zur Realisierung getan werden (next steps)? Auf was kann aufgebaut werden? Welche Vorerfahrungen sind vorhanden? Was brauchen wir noch? In der abschließenden Kritiker-Ecke wird dann

---

8 Vgl. http://www.kreativ-sein.org/d/d/dltechniken_files/Walt-Disney-Methode.pdf (Stand 31.10.2012).

konstruktiv analysiert: Was denke ich über die Idee? Was sind Chancen? Was sind Herausforderungen? Was könnte verbessert werden?

Lehrer/innen/bildung phasenübergreifend denken

Im Bereich inklusive Lehrer/innen/bildung ergibt sich zurzeit eine besonders herausfordernde Situation, da Lehrer/innen/aus- und -fortbildung in gleichem Maße gefordert sind, sich der Thematik zu nähern. Das Seminarkonzept nutzt diese besondere Situation, indem erste Versuche unternommen wurden, beide Ausbildungsphasen auch stellenweise miteinander zu verzahnen. Das am ZfL neu eingeführte Workshop-Konzept *Fokus Fachdidaktik – inklusiv*[9] sieht daher vor, Akteur/inn/en aller Ausbildungsphasen zu fachdidaktischen Themen miteinander ins Gespräch zu bringen. Daher besuchten zahlreiche Teilnehmer/innen des Hochschulseminars gemeinsam mit Referendar/inn/en und Lehrkräften aus Schulen mit GU einen Workshop zu innovativen Unterrichtskonzepten für heterogene Lerngruppen. Dabei stellte die Vielfalt in den Erfahrungshintergründen der Teilnehmer/innen eine besonders günstige Ausgangslage dar, über inklusive Unterrichtskonzepte ins Gespräch zu kommen.

Fragen statt sagen – konstruktiv fragen

In der lösungsorientierten Beratung geht man vom Leitmotiv „Fragen statt sagen" aus. Nach diesem Ansatz stellen Fragen eine wirkungsvolle Strategie dar, sich von einem Problem wegzubewegen und somit hin zu einer eigenständigen Lösung zu gelangen. Konstruktive Fragen sind keine Fragen nach dem „Warum?", „Wieso?", „Weshalb?", sie ergründen nicht die Ursache, sondern lenken den Blick auf eine zukünftige Lösung (Teml/Teml 2011, 161).

Diesem Konzept folgend wurden die Teilnehmer/innen am Ende der gemeinsamen Seminarzeit und im Rahmen ihrer schriftlichen Reflexionsarbeit im Portfolio mit folgender Frage herausgefordert: Was möchten/können Sie persönlich im Laufe Ihres Studiums tun, um sich für die große Vielfalt der Schüler/innen und damit die große Leistungsheterogenität in der Schule zu professionalisieren?

Insgesamt lässt die Auswertung der Antworten der Studierenden erkennen, dass diese bereits zahlreiche Möglichkeiten benennen können, sich für die anstehenden Veränderungsprozesse zu rüsten. Die häufigsten Nennungen entfallen auf die Möglichkeit, möglichst intensiv Praxiserfahrungen im GU zu sammeln, um so Vielfalt im schulischen Kontext schon während des Studiums kennenzulernen. Häufig genannt wird auch die Möglichkeit, bereits während des Studiums Anschluss an Inhalte des Lehramtes für Sonderpädagogische Förderung zu erhalten und dies möglichst in lehramtsheterogenen Seminarkonzepten. Auch wird die Notwendigkeit gesehen, sich weiter theoretisch in das Thema einzuarbeiten, um die erlebte Praxis auch fachwissenschaftlich verarbeiten zu können. Einen weiteren Komplex stellt die eigene Vernetzung dar und dies im Rahmen unterschiedlicher zu besuchender Angebote zum Thema in Schule und Universität. Die Antworten der Studierenden ließen auch

---

9   http://zfl.uni-koeln.de/13087.html (Stand 31.10.2012).

erkennen, dass einige die Vorstellung haben, sich über das Kennenlernen möglichst zahlreicher unterschiedlicher Unterrichtsmethoden dem Thema nähern zu können.

Prä-Post-Befragung

Eingerahmt wurde die Seminararbeit mit dieser heterogenen Studierendengruppe von einer Prä-Post-Befragung[10] zu inklusiven Überzeugungen zu Schule und Unterricht. An dieser Stelle sei nur ein kleiner Einblick in einige wenige Ergebnisse dieser Studie gegeben, eine ausführliche Auswertung der Befragung folgt.

Insgesamt zeigt sich, dass es über alle Items hinweg lediglich zu leichten Veränderungen im Laufe eines halben Jahres und unter Einfluss der Praxiserfahrungen im GU gekommen ist. Tabelle 2 zeigt die Mittelwertdifferenz für fünf zentrale Items.

Tabelle 2: Prä-Post-Befragung zu inklusiven Überzeugungen zu Schule und Unterricht

	Item	M t1	M t2	Differenz
1	Wie schätzen Sie Ihren bisherigen Wissensstand zu theoretischen Aspekten der Integration und Inklusion von Schüler/innen mit und ohne sonderpädagogischen Förderbedarf ein?[1]	3,65	3,05	0,60
2	Der Leistungsstand kann in Klassen mit Kindern mit sonderpädagogischem Förderbedarf nicht so hoch gehalten werden wie in Klassen ohne Kinder mit sonderpädagogischem Förderbedarf.[2]	2,58	2,48	0,10
3	Förderschulen tragen der Vielfalt der Begabungen Rechnung, da sie ihre Methoden auf ihre Schüler/innen besser anpassen können.	2,73	2,64	0,09
4	Schüler/innen mit Sonderpädagogischem Förderbedarf beanspruchen im Vergleich zu „Regelschüler/inne/n" unverhältnismäßig viel Zeit des Lehrers/der Lehrerin.	3,30	3,50	0,20
5	„Regelschullehrer/innen" verfügen über genügend Erfahrungen, um Schüler/innen mit Sonderpädagogischem Förderbedarf zu unterrichten.	1,60	1,77	0,17

Anmerkungen:
[1] Likert-Skala: 1 (sehr hoch) bis 5 (sehr gering)
[2] Item 2-5: Likert-Skala: 1 (trifft überhaupt nicht zu) bis 5 (trifft voll und ganz zu)

Die deutlichste Veränderung erfährt die Selbsteinschätzung in Bezug auf das theoretische Wissen über inklusive Schulentwicklungskonzepte (Item 1). Während sich zum ersten Befragungszeitpunkt auf einer 5-fach abgestuften Likert-Skala noch 56 % auf Stufe 4 verorten, sind dies zum zweiten Befragungszeitpunkt nur noch 18 %. Der Anteil der Studierenden, welche sich auf Stufe 3 verorten wächst zum zweiten Befragungszeitpunkt um 31 Prozentpunkte an. Die Mittelwertdifferenz beträgt hier 0,60.

Die Items 2-5 weisen jeweils nur geringe Mittelwertdifferenzen auf. Interessant ist, dass die Studierenden nach ihrem vierwöchigen Praktikum im GU nach wie vor deutlich der Ansicht sind, Lehrkräfte der Allgemeinbildenden Schulen verfügten

---

10 T1: M=27; T2: M=22

über nicht genügend Erfahrungen, Schüler/innen mit Sonderpädagogischem Förderbedarf zu unterrichten.

Dieser Befund deckt sich mit älteren Befunden aus der Praxisphasenbegleitung in integrativen Settings (Köpfer 2011). Auch hier wird nicht selten darüber berichtet, dass sich durch problematische Erfahrungen im Bereich der Praxisphasen eventuell Vorbehalte in Bezug auf gemeinsames Lernen von Schüler/inne/n mit und ohne sonderpädagogischen Förderbedarf noch verfestigen können. Dies wirft gleichzeitig die Frage nach dem Umgang mit problematischen Praxiserfahrungen im GU im Bereich der Praxisstudien auf. Hier scheint uns der Aufbau enger Kooperationen mit den Schulen eine besonders wichtige Gelingensbedingung zu sein.

Interessant ist auch folgendes Ergebnis: Es zeigt sich, dass sich zu beiden Befragungszeitpunkten zwar eine Mehrheit der Befragten eine spätere Tätigkeit im GU vorstellen kann. Der Anteil, der hier indifferent antwortenden Studierenden steigt jedoch entgegen der Erwartungen zum zweiten Befragungszeitpunkt sogar leicht an.

Tabelle 3: Prä-Post-Befragung zu inklusiven Überzeugungen zu Schule und Unterricht

	Item	Ja	Nein	Vielleicht
T1	Ich kann mir vorstellen, später auch in einer GU-Klasse (Schüler/innen mit und ohne Sonderpädagogischem Förderbedarf lernen gemeinsam) zu unterrichten.	56%	7%	33%
T2	Ich kann mir vorstellen, später auch in einer GU-Klasse (Schüler/innen mit und ohne Sonderpädagogischem Förderbedarf lernen gemeinsam) zu unterrichten.	59%	0%	41%

Zahlreiche Items der Prä-Post-Befragung wurden in Reflexionsphasen in die Seminararbeit integriert. Hier stellte sich das Arbeiten an eigenem Datenmaterial als besonders spannende und authentische Möglichkeit heraus, mit unterschiedlichen Grundhaltungen und subjektiven Theorien reflexiv zu arbeiten. Gleichzeitig erlebten die Teilnehmer/innen eine von zahlreichen Möglichkeiten, sich dem Themenkomplex auch forschend zu nähern.

5.   Vom „Piloten" zum „Regelfall"

Abschließend sind einige zusammenfassende Bemerkungen als mögliche Anhaltspunkte für eine Weiterentwicklung des hier vorgestellten Seminarkonzeptes zu machen. Diese erscheinen uns auch mit Blick auf die weitere Ausgestaltung von Praxisphasen in den Lehramtsstudiengängen bedeutend.

Die starke Betonung der Reflexionsarbeit stieß nicht bei allen Studierenden auf offene Zugänge. Der aus zahlreichen Kontexten bekannte Ruf nach schnellem Rezeptwissen – hier im Umgang mit Vielfalt in der Schule – wurde auch in diesem Seminarkontext häufig sichtbar. Wir vermuten dahinter jedoch ein durch die eigenen bildungsbiografischen Erlebnisse erlerntes Verhalten. In diesem Fall sind aus unserer Sicht Seminarkonzepte der hier vorgestellten Art zukünftig besonders stark zu befördern.

Die ersten Erfahrungen mit dem *Portfolio Praxiselemente* als Reflexionsinstrument im Rahmen der Lehrer/innen/bildung geben uns Grund zu der Annahme, dass die Feststellung von Häcker und Winter (2009) auch tatsächlich zutrifft. Die Weiterentwicklung des Portfoliokonzeptes für alle Praxisphasen ist und bleibt daher an unserem Standort eines der zentralen Arbeitsfelder.

Es darf in diesem Zusammenhang auch nicht verschwiegen werden, dass die Beratungskompetenz der Ausbildner/innen aller Institutionen permanent weiterentwickelt werden muss. Es kam im Rahmen der hier vorgestellten Seminarveranstaltung nicht selten auch zu besonders herausfordernden Beratungssituationen in Bezug auf problematische Erfahrungen in der erlebten Praxisphase.

Die geringe Mittelwertdifferenz zahlreicher Items der empirischen Befragungen zu zwei Zeitpunkten macht deutlich, dass für diese Studierenden im weiteren Studienverlauf zusätzliche Angebote geschaffen werden müssten, die den hier angestoßenen Professionalisierungsprozess weiter fortentwickeln. Die Ergebnisse der Postbefragung zeigen, dass sich trotz der intensiven theoretischen wie praktischen Auseinandersetzung mit dem Themenkomplex der Inklusion individuelle Vorstellungen und subjektive Theorien nur schwer in Bewegung bringen ließen. Hier wissen wir, dass es der Verknüpfung mit „positive values" und „supportive ideals" bedarf (Forlin 2010), wenn man positive Veränderungen in den Einstellungen und Haltungen von angehenden Lehrkräften bewirken möchte. Wir schlagen daher vor, die Arbeit mit schulischen Mentor/inn/en zukünftig besonders in den Blick zu nehmen. Konzepte für diese wichtige Kooperationsarbeit liegen bereits vor (vgl. Kress/Sosalla 2009).

Als Konsequenz sehen wir die Notwendigkeit, das Thema der Inklusion nicht nur punktuell in die Ausbildung zukünftiger Lehrpersonen mit einfließen zu lassen, sondern besonders auch strukturelle Veränderungen zur Umsetzung zu bringen. Dabei könnte die Vorstellung hilfreich sein, das Thema zukünftig wie einen „roten Faden" durch die gesamte fachdidaktische und bildungswissenschaftliche Ausbildung zu ziehen. Hier ist das Konzept im Bereich einer inklusionsorientierten Lehrer/innen/bildung gemeint, welches man international als den „content infused approach" oder auch „integrated approach" bezeichnet.

Die Auswertung des Pilotseminars konnte eindrucksvoll belegen, dass reflexive Praxisphasen hier ein Teil eines Gesamtkonzeptes sein können. Bei der weiteren Ausgestaltung inklusiver und reflexiver Praxisphasen sollte jedoch darauf geachtet werden, dass sich Bestehendes wandelt und nicht dem Bestehenden nur ein neues Element an die Seite gestellt wird. Wir sind der Ansicht, dass es sich im Rahmen von inklusiver Bildung um kein völlig neues Anliegen handelt, es kann auf bereits vorhandenes Theorie- und Praxiswissen zurückgegriffen werden.

Alois Finke

„Erste allgemeine Verunsicherung" – Gedanken zur Begleitung von Studierenden beim Start in ihre Berufsidentität als Lehrer/innen im Rahmen des Orientierungspraktikums

Schulen habe ich in den dreißig Jahren nach meinem ersten Staatsexamen für das Lehramt am Gymnasium dann von innen gesehen, wenn ich als freiberuflicher Supervisor und Coach dort tätig war, oder wenn ich als Fachbereichsleiter für Bildungsprogramme mit Schulen in unserem außerschulischen Jugendbildungshaus[1] mit Akquise, Vorbereitung, Durchführung oder Auswertung von Kurswochen zu tun hatte.

Mit der Ausschreibung der Humanwissenschaftlichen Fakultät der Universität zu Köln im Sommer 2011, in der Supervisor/innen zur Wahrnehmung von Lehraufträgen im neuen Masterstudiengang für den Lehrer/innen/beruf gesucht wurden, bin ich nach langen Jahren wieder mit verschiedenen Fragen in Kontakt gekommen:

- Warum bin ich damals eigentlich *nicht* Lehrer geworden, habe nicht einmal „zur Sicherheit/für alle Fälle" die Referendarzeit gemacht – und was hat mich trotzdem immer beruflich in der Nachbarschaft dieses Berufes gehalten?
- Wie würde heute als Studienanfänger meine Entscheidung aussehen?
- Wo wäre ich heute in meiner Schullaufbahn, wenn ich Lehrer geworden wäre: immer noch „an der Basis" im pädagogischen Betrieb im Unterricht, im Schulmanagement, in der Ausbildung?
- Wie fühlen sich heute die Bachelor- und Masterstudiengänge für Lehrende und Studierende an, wie haben sich die Universität und das Studium verändert? Stimmt das, was die als Honorarkräfte in unseren Bildungsprogrammen in der Jugendakademie mitarbeitenden Studierenden darüber berichten?
- Was ist also heute bei mir der Auslöser, dass ich mich durch das Angebot zum Mitwirken an der Lehrer/innen/ausbildung in der Begleitung des Orientierungspraktikums ansprechen lasse?

Schon steckte ich, am Anfang des letzten Drittels meines Arbeitslebens, wieder einmal mitten drin in einem reflexiven Prozess zu meiner eigenen Berufsidentität.

In meinen Aus- und Fortbildungen waren diese „Verunsicherungsphasen" immer fester Bestandteil – auch wenn die Tools damals nicht „Portfolioarbeit" hießen. Als Supervisor bei Teams und in Einzelcoachings begleite ich Menschen in krisenhaften Situationen, im Bildungshaus kommen zwangsläufig bei Schüler/inne/n und Lehrer/inne/n mitgebrachte Probleme, Rollen- und Beziehungsfragen und andere strittige

---

1 www.jugendakademie.de.

Themen in den Seminaren verstärkt zum Vorschein und meist auch zu einer guten, reflektierten Bearbeitung.

Was hat mir also den entscheidenden Impuls gegeben, im WS 2011/12 als Lehrbeauftragter mit zwei Begleitkursen zum Orientierungspraktikum für Studierende einzusteigen?

1. Eine Anknüpfung, die mit meinem politischen Verständnis vom Lehrberuf und seinem Bildungsauftrag zusammenhängt, ist die Tatsache, dass – endlich, endlich – faktisch jetzt schon zumindest die Regelschullehramtsstudierenden[2] und perspektivisch komplett *alle* Lehramtsstudierenden mit dem Orientierungspraktikum einen *gemeinsamen* frühen Start ins Berufsleben und in die Entwicklung einer gemeinsamen Berufsidentität haben. In einem Land, das Weltmeister in der Selektion und Sortierung von Kindern und Jugendlichen in verschiedenste hoch spezialisierte Schulformen ist, in der Lehrer/innen/identitäten sich parallel durch die Abgrenzung zu den Kolleg/inn/en „der anderen Schulen" formen, ist das eine Umwälzung, deren langfristige positive Auswirkung gar nicht hoch genug angesetzt werden kann.

In dieser Einschätzung bestätigen mich die Erfahrungen in den ersten beiden Begleitkursen im Wintersemester 2011/12, die gut gemischt aus überwiegend Erstsemesterstudierenden für den Lehrer/innen/beruf in Grundschulen, Sek I und Sek II bestanden. Konnte man zu Beginn des Semesters noch und schon am „Habitus" vieler Studierender erkennen, wer warum in welche Schulform „will" und auch da „hineinpasst", so haben sich im Lauf des Kurses und vor allem durch das Praktikum und seine ausführliche Reflexion in den begleitenden Blockseminaren viele vorhandene „Verfestigungen" in Form von Bildern über „die anderen Schüler/innen, die anderen Schulen, die anderen Lehrer/innen" aufgelöst.

Alle Studierenden haben zunächst einmal selbst eine Biografie als „Gewinner/in" des selektiven deutschen Schulsystems – auf unterschiedlichen Wegen – im Gepäck: Sie haben die „höhere Schule" besucht, alle Hürden bis zum Abitur geschafft, das sie zum Lehreramtsstudium berechtigt. Die eigenen „Glaubenssätze", welche Faktoren dazu führen, dass die einen es bei uns im Schulsystem schaffen und die anderen nicht, spiegeln sich z. B. in der Wortwahl für bestimmte Realitäten wider. Wenn Studierende von „Problemkindern" sprechen und von Schulen in „schwierigen sozialen Verhältnissen, mit Migranten und so", ist das Bemühen um politisch korrektes Sprechen einerseits, aber auch die unendliche Fremdheit und Distanziertheit zu spüren, mit der sie „diesen Schüler/inne/n" und „diesen Schulen" aufgrund ihrer eigenen Sozialisation gegenüber stehen. Dies gilt es in der Begleitung erst einmal zuzulassen, aber als Beobachtung zu spiegeln und die Studierenden in Fragen zu verwickeln: Was ist, wenn man nicht den/die Schüler/in als Problem sieht und behandelt, sondern ein Schulsystem und seine Ansätze, die es einem Kind nicht ermöglichen, auf seine Weise optimal und zu seinem Nutzen zu lernen und voranzu-

---

2   Siehe auch Amrhein/Kricke in diesem Band.

kommen? Ist es Aufgabe der Lehrenden und der Schule, „Problemkinder" zu identifizieren und zu „behandeln", oder ist es nicht der menschen- und kinderrechtliche
und grundgesetzlich begründete Auftrag aller Mitwirkenden im Schulsystem, gleiche bestmögliche Bildungschancen für alle zu schaffen? Und wie müssen dann
Schulen aussehen?

Als Pädagoge, der mit Paulo Freire den Lehrer als „Politiker und Künstler" sieht,
sehe ich mich zu dieser Kontextualisierung des Lehrer/innen/berufes zu Beginn der
Ausbildung einer Berufsidentität berechtigt und verpflichtet, da „Erziehung und Bildung niemals neutral sind".

Ich sehe einen Auftrag des Begleitseminars darin, „Etiketten" und „Beschriftungen",
mit denen Sachverhalte und Zusammenhänge zu „Weltbildern" und „Glaubenssätzen"
geronnen sind, vorsichtig abzulösen und die Neugier auf darunter liegende Sachverhalte, Geschichte(n) und Zusammenhänge zu wecken – ein Prozess der „Ersten
Allgemeinen Verunsicherung" (frei nach dem Namen der immer noch bestehenden
deutschen Band aus den achtziger Jahren), gepaart mit der Ermutigung zu Fragen,
Beobachtung, Perspektivwechsel und Neugier.

2. Die Erarbeitung der „ersten Arbeitstheorie" im Portfolio der Studierenden zeitgt
    meist eine interessante gemischte Textsorte: Oft besteht sie zum einen in der Auf-
    zählung von Eigenschaften guter Lehrer/innen in Form wahrer Tugendkataloge –
    alles ehrenwert, alles richtig, aber auch abstrakt und erdrückend ansprüchlich zu-
    gleich.

Spannend werden die Arbeitstheorien dann, wenn die Studierenden sich auch dazu
haben bewegen lassen, „Geschichte in Geschichten" zu erzählen, ihre Vorbilder, die
für ihre oder die Lernbiografie anderer prägend waren, lebendig werden zu lassen:
Da verflüssigen sich die Tugendkataloge in lebendiges Erzählen, wird die Rolle von
Beziehung, Kontakt, Empathie, persönlicher Autorität, Respekt und Zuneigung für
das Lernen und die Entwicklung von Kindern und Jugendlichen sichtbar, ist erkennbar, wann wie richtig und situationsgerecht gehandelt und wirkliches Lernen und
Wachstum ermöglicht wurde.

Das Fördern von Erzählen, das Reden über eigene Beobachtungen, das Lernen,
anderen ein guter Zuhörender zu sein, der mit passenden Fragen den Gedanken-
und Redefluss des Gegenübers im Sinne der Fragestellung fördert, ist für mich insbesondere in der ersten Begleitseminarphase in der Vorlesungszeit der entscheidende pädagogische Prozess, um kollegiales professionelles Reflektieren miteinander
einzuüben. Hier sind es die systemisch-lösungsorientierten Fragen mit ihren erzähl-
auslösenden Formulierungen, zu deren Verwendung ich auffordere, wenn die Studierenden sich mit der Aufmerksamkeit und in der Haltung von „Interviewern"
wechselweise mit Mitstudierenden mit einem Thema befassen sollen:
• woran hast du gemerkt …
• was genau hast du gesehen, als …

- was gab es noch, an das du dich erinnerst, als …
- angenommen, ein/e Außenstehende/r hätte den Fall beobachtet, was hätte er/sie dazu gesagt …

Das Arbeiten mit persönlich bedeutsamen Fotos aus der Schulzeit war ebenfalls ein gutes Medium in der Einstiegsphase, um die ganzheitliche Auseinandersetzung mit der eigenen Schul- und Lerngeschichte in Gang zu bringen:

Die Studierenden wurden aufgefordert, zur folgenden Sitzung ein ihnen wichtiges Foto mitzubringen, das aus ihrer Schulzeit stammt, auf dem sie ggf. auch selbst abgebildet sind. Sie sollten sich für ein einziges entscheiden und überlegen, was sie dazu bereit sind, im Seminar mitzuteilen.

Schon die Aufgabenvorstellung löste verschiedenste Reaktionen und Mitteilungen aus:

Bei einigen existieren offensichtlich Mengen von Bildern, bei denen die Entscheidung für eines schwer fällt; etliche wussten sofort, welches sie nehmen werden und wo sie es aufbewahrt haben; einige wussten, dass ihnen wichtige Bilder existieren, aber dass sie kein einziges in ihrem Besitz haben, sondern sich diese z. B. bei den Eltern/Großeltern befinden. Auch die Widerstände, ein „Bild aus der Vergangenheit" zu wählen, und anderen zu zeigen, wurden formuliert, so dass die Freiwilligkeit noch einmal betont werden musste. Letztlich hat bei allen die Neugier und Lust mitzumachen gesiegt. Zum Sitzungsanfang gab es auf Rückfrage erst einmal Berichte zum Suchen und Finden von Bildern, den dabei ausgelösten Themen z. B. bei den Eltern, zu den Gefühlen beim Ansehen der Bilder (wann zuletzt vorher angeschaut?), zum Erinnern an die Fotografiersituation (wann, wo, wer hat das Bild gemacht?)

Die Bilder gingen dann in Ruhe im Kreis von Hand zu Hand, bis jede/r ihr/sein Bild wieder in der Hand hatte, damit alle zunächst einmal die Vielfalt der Bilder auf sich wirken lassen konnten. Erste Rückfragen bezogen sich dann darauf, was ihnen beim Durchschauen der Bilder an Gemeinsamkeiten und Unterschieden aufgefallen war. Stichworte dazu wurden an der Tafel mitgeschrieben, um später an Begriffen wie „Konventionen/Rituale", Bildtraditionen, Bedeutung von Bildern bei „Statuspassagen" etc. arbeiten zu können. Bei der (freiwilligen) persönlichen Kommentierung des eigenen Bildes konnte fast jede/r Studierende anhand der Bilder die mit der damaligen Situation verbundenen Fakten und Emotionen erinnern.

Im Anschluss konnte dann auch anschaulich erklärt werden, weshalb auch die Arbeit mit Bildern/Fotos, Karikaturen in der Portfolioarbeit als „analoges Medien" in ihrer Vieldeutigkeit das digitale Denken und Dokumentieren sinnvoll ergänzt. Die Studierenden wurden bei dieser Gelegenheit dazu angeregt, ihr Foto zum Grundstock einer Bildersammlung zu Schule, Schüler/innen- und Lehrer/innen/dasein zu machen, Schulbilder der Eltern und Großeltern einzubeziehen und zu vergleichen, dazu Interviews mit Menschen früherer Generationen und ihrem Erleben von Schule zu führen etc. Einige ließen sich auch dazu anregen, das Bildmaterial entweder digitalisiert oder in Form eines klassischen Albums in ihr Portfolio zu integrieren.

Die Übung „Gruppen meines Lebens" (vgl. Gellert/Nowak 2007, 234-236) ergänzte anschließend die Erinnerungsarbeit zu bedeutenden informellen und formalen Lernsituationen im eigenen Leben, die bei den Studierenden auf eine andere Weise den Kontakt zur eigenen Lerngeschichte und deren Phasen eröffnet.

Der Einwurf eines Studierenden zu Beginn des Seminars: „Warum soll ich hier darüber nachdenken und reden und aufschreiben, warum und was für ein Lehrer ich werden will, das kann ich doch genau so gut zuhause mit meinen Eltern oder der Freundin tun, wenn mir danach ist", erübrigte sich im Seminarverlauf durch die Gewohnheit, in mindestens einer Sequenz pro Sitzung die Wirksamkeit gut angeleiteter Interviewsituationen mit klaren Rollenverteilungen und Fragesettings für das eigene Reflektieren und die eigene Kommunikationsfähigkeit zu erleben.

Als Anleitender kann ich an Lautstärke, Stimmlage und positiver Spannung in den Gesprächsrunden erkennen, wenn ich nicht nur mit den Inhalten, sondern auch mit meiner Anleitung, der Aufgabenbeschreibung und den Frageformulierungen einen „Treffer" gelandet habe, der die Studierenden den Mehrwert des professionell-kollegialen wechselseitigen Interviewens, des Beratens und gemeinsamen Reflektierens erleben lässt.

Meine Hoffnung ist, dass diese frühen Erfahrungen am Beginn der Lehrer/innen/ausbildung die in Schulen bei Lehrer/innen oft beobachtbare und wenig förderliche Kultur der „Ratschläge" und/oder des gemeinsamen Jammerns und endlosen Problematisierens eingrenzen und ersetzen lassen durch eine strukturierte, aufmerksame, feedback- und auch lösungsorientierte Kommunikationskultur miteinander.

3. Mit dreißig Jahren Abstand von der eigenen Studienzeit gab es mit dem Betreten der Universitätsgebäude und dem Start des Semesterbetriebs für mich als neuen Lehrbeauftragten Deja-vu-Erlebnisse (vor allem in Bezug auf die teilweise nüchterne Ausstattung der Räumlichkeiten), aber auch die Erfahrung, wie sehr der Wechsel zum Bachelor/Masterstudium Universität und Studienzeit verändert hat.

Die Mischung aus Chaos und Überorganisiertheit, der Druck von ausgefeilten Punkt- und Bewertungssystemen, der zeitliche Druck, die Ruhelosigkeit und Gehetztheit der Studierenden, deren Fixiertheit auf die Frage: was ist Pflicht, was muss ich, wie viel muss es bis wann sein, – wie wirkt sich das alles als „Rahmen" für ein Denken und Arbeiten in Portfoliokonzepten aus? Gibt es in diesem Rahmen „Chancen portfoliogestützter Reflexionsarbeit",[3] wie die mitten im Semester stattfindende ZfL-Fachtagung hieß, die ich besuchen durfte? Mir hat diese gut organisierte, einladende und kommunikative Veranstaltung Mut gemacht, da ich dort gespürt habe, an wie vielen Stellen in Universität, Schulen, Ministerien gleichzeitig daran gearbeitet wird, Lehrer/innen/bildung neu zu gestalten. Es gilt, dabei die Gleichzeitigkeit verschiedener Realitäten und Denkweisen, das Nebeneinander von Stillstand und ra-

---

3   http://zfl.uni-koeln.de/portfolio-tagung.html.

santer Veränderung, von Versuch und Irrtum, Fort- und Rückschritt als „dazu gehö-rend" zu akzeptieren, immer wieder miteinander zu kommunizieren und den „roten Faden" für Veränderung in Richtung guter Schule für alle zu suchen.

Dies kann man auch in den Begleitveranstaltungen mit den Studierenden für ihre ei-gene Studiensituation und für ihre Vorstellung vom Lehrer/innen/dasein reflektieren: Veränderung, Fort- und Rückschritte, Wandel und Stabilität gehören zum Lehrberuf einfach dazu. Die Schultypen, die ich selbst als Schüler/in erlebt habe, werden ver-mutlich nicht die sein, in denen ich meine zukünftige Lebensarbeitszeit verbringen werde. Viele Studierende für das Lehramt sind zunächst einmal sicherheitsorientierte Menschen, deren Berufswahl ja nicht „das ganz andere" ist, sondern eine (vermeint-liche) Anknüpfung an etwas, das sie schon kennen, nämlich 12 bis 13 Jahre Leben im Bezugsrahmen Schule.

Wie alle Erstsemester/innen suchen sie nach Anknüpfungspunkten an bisherige Deutungs- und Verhaltensmuster, um ihre neue Lebens- und Lernsituation zu be-wältigen, müssen aber gleichzeitig parallel andere Deutungen und Verhaltensweisen aufbauen, um sich in Universität, Studium und dem Lebensstadium Studierende/r zurecht zu finden. Es ist eine vertane Chance, wenn im Begleitseminar nicht immer auch Fragestellungen und Beobachtungsaufgaben einfließen, die diese aktuelle Situa-tion des Studierens zum Thema machen.

In einer Seminargruppe, die in der Vorlesungszeit vor dem Orientierungsprak-tikum sich nur rückblickend auf eigene Schülererfahrungen oder antizipierend auf die erwartbaren Situationen im Orientierungspraktikum beziehen kann, greife ich die Beobachtungen und Irritationen, die Erfolge und Misserfolge in der Bewältigung der aktuellen Studiensituation gern auf, die die Studierenden z. B. in den Befindlich-keitsrunden zu Beginn der Seminare einbringen. An diesem Material lassen sich Kri-terien für gutes Lehren und Lernen beobachten und entwickeln, wächst das Interes-se zum Mitdenken, eigene Dinge und Sichtweisen beizutragen und miteinander zu kommunizieren.

Eine Übung besteht zum Beispiel darin, dass jede/r Seminarteilnehmende eine besonders gelungene Lernsituation der vergangenen Woche aus seinem Stundenplan erinnert, um sie dann darauf hin zu beschreiben und zu analysieren, was und wer dazu beigetragen hat und woran für die Studierenden bei sich selbst erkennbar war, dass es sich um eine „gelungene Lernsituation" gehandelt hat. Im Austausch darüber in Kleingruppen und dann im Plenum entsteht ein ganzer Katalog von Kriterien und Gesichtspunkten zu diesem Thema, mit dem sich sehr gut weiter arbeiten lässt, wenn es um Aufgabenstellungen für die Portfolioarbeit geht.

Ein weiteres Beispiel: Zu Beginn des ersten Seminarblocks in der vorlesungsfrei-en Zeit, als erst wenige mit dem Orientierungspraktikum angefangen hatten, habe ich die Studierenden in einer Übung das vergangene Semester unter Fragestellungen Revue passieren lassen, die die Erfolgs- und Wachstumsseiten in der „Bewältigung" des eigenen Studierens zum Thema hatte. Dieser „Break" hatte für viele Studierende einen hohen Nutzen für die Formulierung qualifizierter Ankündigungen, wie sie ihr zweites Semester aufgrund dieser Reflexion angehen werden, aber auch eine Evidenz für die Sinnhaftigkeit der Portfolioaufgabenstellung, die eigene Erfolgs- und Wachstumsseite für die Ausbildung zum/zur Lehrer/in nach dem Orientierungspraktikum zu formulieren.

Birgitt Aldermann & Elke Barausch-Hummes

Empowerment durch Feedback – Praxiserfahrungen im Integrierten Orientierungspraktikum an der Universität zu Köln

Unser Vorhaben – eine Einleitung

> *„Ich weiß nicht, was ich gesagt habe, bevor ich die Antwort meines Gegenübers gehört habe."*
> Paul Watzlawick[1]

Entscheidend für eine qualitativ gute Arbeit in einem lehrenden Beruf ist weniger die eigene Intention als vielmehr die Wahrnehmung der Reaktionen auf Seiten der Lernenden. Insofern sind Feedbackgeben, Feedbacknehmen und Feedbackverarbeiten essentielle Bestandteile von Lehr- und Lernprozessen. Dies gilt sowohl für das Lehrer/innen/handeln in der Schule als auch für die verschiedenen Phasen der Lehrer/innen/bildung.

Im Folgenden zeigen wir, wie schon in der ersten Phase der universitären Lehrer/innen/ausbildung Gelegenheiten geschaffen werden können, um Feedbackkompetenzen anzubahnen. Wir stellen dar, wie eine in die inhaltlichen Bausteine eingebettete Feedbackkultur im Integrierten Orientierungspraktikum sowohl in den Vorbereitungsveranstaltungen als auch in der Begleitung und Nachbereitung der Praxisphase als durchgängiges Prinzip Anwendung findet und zum Empowerment der Studierenden beiträgt. In der Materialiensammlung[2] werden ausgewählte, von uns erprobte Feedbackmethoden mit Anwendungshinweisen vorgestellt.

Feedbackkultur in der Lehrer/innen/bildung – eine Bestandsaufnahme

Die Studierenden kommen mit nur geringen Erfahrungen in Bezug auf Evaluation und Feedback an die Universität. Während der Lehrveranstaltungen in den Anfangssemestern finden kontinuierliche und systematische Bestandsaufnahmen sowie Rückmeldungen zum eigenen Lernverhalten in der Regel nicht statt.[3] Auch individuelle Rückmeldungen zu Inhalten und Methoden der Lehrveranstaltungen, der Lern-

---

1   Zitiert nach http://arbeitsblaetter.stangl-taller.at/KOMMUNIKATION/Feedback.shtml (Stand 26.05.2012).
2   Frei abrufbar unter www.waxmann.com/buch2779.
3   Die Evaluation erfolgt in der Regel anhand eines normierten Fragebogens, der am Ende der Veranstaltung von der Universität zur Verfügung gestellt und zentral ausgewertet wird.

atmosphäre oder zu den Kompetenzen der Dozent/inn/en haben noch wenig Tradition.[4]

Im Begleitkonzept für das Integrierte Orientierungspraktikum an der Universität zu Köln steht der/die Studierende als eigenverantwortliche/r Lerner/in im Zentrum. In dieser Praxisphase soll er/sie erste Schritte in Richtung Kompetenzerwerb für professionelles Lehrer/innen/handeln gehen. Damit ist die Rolle der Ausbilder/innen in den Veranstaltungen zur Vorbereitung und Begleitung ebenfalls definiert: Sie fungieren (u.a. auch) als Lernbegleiter, die das Empowerment der Studierenden fördern, „indem sie Fragen und Anregungen zur Verfügung stellen, mit deren Hilfe die Studierenden eine Metaperspektive auf ihre Ausbildung einnehmen können." (Kricke/Reich 2011, 3)

Nimmt man diese Forderung ernst, so sollten die Lehrveranstaltungen in der ersten Phase der Lehrer/innen/ausbildung an der Universität, und hier insbesondere die Seminare zur Vorbereitung und Begleitung der Schulpraktika, möglichst viele Anlässe zu einer Erforschung und Reflexion des eigenen und fremden Handelns bieten, denn Feedbackgeben, -nehmen und -verarbeitung von Lehr- und Lernprozessen sind durchgängig zentrales Anliegen der Lehrer/innen/bildung.

Feedback im Integrierten Orientierungspraktikum – ein Beitrag zum Empowerment der Studierenden

In Verknüpfung mit zentralen Themen der Lehrer/innen/bildung, wie z.B. berufsbiografische Reflexionsarbeit, Unterstützung der Portfolioarbeit und Vermittlung von Inhalten, sollten die Lehrveranstaltungen methodisch so angelegt sein, dass die Studierenden bereits zu Beginn ihrer Ausbildung selbstgesteuertes Lernen praktizieren. So können sie ihre Selbstkompetenz und Autonomie individuell und ressourcenorientiert erleben und entfalten. Eine ausgeprägte und von den Studierenden mitverantwortete Feedback- und Reflexionskultur bezüglich der Inhalte und Abläufe der Seminare trägt in hohem Maße zur Ausformung ihres Empowerments bei, denn: „Das Ziel von Empowerment als Prozess muss … darin liegen, dass neue Kompetenzen im Kontext eines gelebten Lebens erworben werden – und nicht darin, dass Expert/innen sagen, was zu tun sei. Ob erfolgreich gelernt wird, ist dem Urteil der Lernenden überlassen." (Arnold et al. 2011, 124)

Wenn die Studierenden schon in der ersten Phase ihrer Lehrer/innen/ausbildung erleben, dass Rückmeldungen gehört und verarbeitet werden und dass dialogische Evaluation zur Selbstvergewisserung sowie Qualitätsentwicklung beiträgt, dann werden sie in späteren Praxisphasen und Lehrsituationen offen sein für die aktive Gestaltung einer Feedbackkultur.[5] Das Feedback zu einer Lehrveranstaltung sollte

---

4   Dies schlussfolgern wir aufgrund einer informellen Abfrage anhand der Ampelmethode zu den Vorerfahrungen mit Feedback in Schule und Universität sowie auf Basis der Abfrage M9 im Anhang.
5   Diese Annahmen werden durch die Ergebnisse der Abfrage zum Einsatz von Feedback im Orientierungspraktikum im WS 11/12 gestützt. Vgl. Anhang M9, Frage 11.

grundsätzlich ergebnisoffen sein. Wenn die Lehrperson bereit ist, die eigene Arbeit in Frage zu stellen, signalisiert sie Offenheit für Kritik und Innovation und schafft dadurch eine Atmosphäre des Vertrauens, die dazu beiträgt, die Studierenden zu ermutigen, ihre Befindlichkeiten zu artikulieren, Risiken einzugehen und dabei Fehler in Kauf zu nehmen. Das wiederum macht Mut zum gedanklichen Experimentieren und zur Entwicklung von pädagogischen Visionen und stellt so einen Beitrag zum Empowerment der zukünftigen Lehrer/innen dar.

Eine gute Feedbackkultur hat also Rückwirkungen auf eine positive Lernatmosphäre, die die Arbeitszufriedenheit und das Selbstbewusstsein auf Seiten der Studierenden stärkt. Wenn sich die Studierenden ernst genommen fühlen, weil der dialogische Austausch über gemeinsam erlebte Arbeitsprozesse Konsequenzen zeigt, dann wird die Mitverantwortung für die Gestaltung und Optimierung von Lehr- und Lernprozessen akzeptiert. Gleichzeitig wird damit in den Seminaren ein nützliches Repertoire an Feedbackmöglichkeiten für die weiteren Praxisphasen im Studium und darüber hinaus für die zweite Phase der Lehrer/innen/ausbildung zur Verfügung gestellt. Die positiven Erfahrungen mit „gelebtem Feedback" erscheinen uns grundlegend für die zunehmende Professionalisierung im Beruf; sie können Neugier wecken und Bereitschaft zu lebenslangem Lernen schaffen.

Diese Fähigkeiten gehören im Sinne der Nachhaltigkeit zu zentralen Handlungskompetenzen, die insbesondere in der zweiten Phase der Lehrer/innen/ausbildung explizit gefordert sind: „Lehrerinnen und Lehrer verstehen ihren Beruf als ständige Lernaufgabe (…) reflektieren die eigenen beruflichen Erfahrungen und Kompetenzen und deren Entwicklung und können hieraus Konsequenzen ziehen (…) geben Rückmeldungen und nutzen die Rückmeldungen anderer dazu ihre pädagogische Arbeit zu optimieren (…)".[6] Die in Feedbacksituationen trainierbaren Kompetenzen, wie: eigene Positionen artikulieren, Ressourcen erkennen sowie Lehr- und Lernprozesse kritisch reflektieren, sind wesentliche Teilbereiche im Zielspektrum des Orientierungspraktikums[7] und sind unerlässlich für die kontinuierliche Weiterentwicklung des Selbstkonzeptes im Sinne von Empowerment und lebenslangem Lernen.

Grundsätzlich ist Feedback ein wesentlicher Teil der Qualitätsentwicklung aller lernenden Systeme. In Veranstaltungen des Integrierten Orientierungspraktikums sollte es in erster Linie als subjektiver dynamischer Prozess verstanden werden, der zwar auf Veränderung, bzw. Entwicklung angelegt ist, sich jedoch nicht auf umfassende Evaluation mit standardisierten Kriterien bezieht. Der persönliche Austausch über gemeinsam erlebte Arbeitsprozesse und damit auch über Beziehungen ist Kommunikation und Metakommunikation zugleich. Die Analyseprozesse bleiben dabei immer vorläufig und bedürfen einer weiteren Überprüfung durch Reflexion und praktische Erprobung.

---

6   http://www.schulministerium.nrw.de/BP/Schulrecht/Lehrerausbildung/OVP_vom_10__
     April_2011.pdf, S. 9 (Stand 26.05.2012).
7   Das Orientierungspraktikum dient „der kritisch-analytischen Auseinandersetzung mit der
     Schulpraxis und der Entwicklung einer professionsorientierten Perspektive für das weitere
     Studium …" (§12(2) LABG 2009).

Ein Feedback besteht immer aus zwei komplementären Seiten: dem Feedback-geber und dem Feedbacknehmer. Wenngleich die Rollen in unterschiedlichen Feed-backsituationen wechseln können, sowohl die Studierenden wie auch die Lehrperson können Feedbackgeber oder Feedbacknehmer sein, so bleiben die Feedbackregeln[8] doch stets gleich. Ein Feedback kann mündlich, schriftlich, bildnerisch oder auch körperlich erfolgen. Grundsätzlich handelt es sich um eine komplexe Kommunika-tionssituation, denn es ist nicht leicht, ein Feedback zu geben bzw. anzunehmen. Beides muss gelernt und trainiert werden. Ein falsch gegebenes Feedback ist eben-so wie ein missverstandenes Feedback eher kontraproduktiv und kann die Bereit-schaft zu einer offenen Kommunikation blockieren. Die am Feedbackprozess Betei-ligten müssen lernen, dass es nicht darum geht, Defizite mitzuteilen oder Störungen zu beklagen. Vielmehr ist es wichtig, dem Gegenüber zielorientiert und konstruk-tiv, empathisch und vor allem nicht verletzend die Wirkung seines Verhaltens, seiner Angebote und seiner Äußerungen zu verdeutlichen. Nur so kann ein Feedback ange-nommen werden und für ein Empowerment im Sinne einer zunehmenden Professi-onalisierung hilfreich sein.

Feedbackmethoden und ihr didaktischer Einsatzort während oder am Ende einer Arbeitssitzung, einer Gruppenarbeit oder einer Information sollten genau geplant und transparent gemacht werden. Deshalb müssen sie mit Bedacht aus der Fülle möglicher Feedbackmethoden ausgewählt und jeweils für die spezifische Seminar-situation adaptiert werden. Im Interesse des Empowerments der Studierenden soll-te eine Einübung in unterschiedliche Feedbackformen in jede Veranstaltung einge-plant sein und in der Agenda angekündigt werden. Das schließt nicht aus, dass auch Raum für spontanes Feedback zwischendurch gegeben wird. Auf diesem Wege kön-nen die momentanen Befindlichkeiten der Beteiligten innerhalb eines laufenden Ar-beitsprozesses abgefragt, aktuelle Störungen bearbeitet und eventuelle Veränderun-gen im Ablauf vorgenommen werden.

Ausgewählte Feedbackmethoden aus der Praxis

In Verknüpfung mit den zentralen Themenbereichen des Orientierungspraktikums stellt die konsequente Arbeit mit verschiedenen Rückmeldeinstrumenten einen zu-sätzlichen, das gesamte Seminar mittragenden Baustein dar, der die prinzipiell teil-nehmer/innen/orientierte Ausrichtung der Lehrveranstaltung unterstreicht. Nach dem Motto *„Small is beautiful"* (Schumacher 1973) oder in Anlehnung an KISS[9] soll-ten die ausgewählten Instrumente einfach und ökonomisch sein. Die Information über die geplante Feedbackmethode wird in der Regel zusammen mit der Agenda vor der jeweiligen Sitzung digital zur Verfügung gestellt oder als Informationsblatt nachgereicht. Der Stellenwert des jeweiligen Feedbacks muss deutlich werden. Natür-lich braucht Feedback auch Zeit, die bei der Planung angemessen einkalkuliert wer-

---

8   Vgl. Feedbackregeln M8 in der Materialiensammlung.
9   Gängige Abkürzung für ein wirkungsvolles Feedback: Keep It Small and Simple.

den muss. Unserer Erfahrung nach trägt eine solche Herangehensweise aber trotz zeitlichem Mehraufwand immer zur Effektivität der Veranstaltung auf allen Ebenen bei.[10] Einige der erprobten Methoden werden im Anhang dokumentiert. Sie wurden in unserem Kontext als Rückmeldeformate genutzt, sind jedoch mit anderen Zielsetzungen darüber hinaus in vielfältigen Unterrichtssituationen einsetzbar.

Unsere Zusammenstellung ist von der Intention geleitet, ein breites Spektrum unterschiedlicher Feedbackmethoden vorzustellen. So werden Beispiele für offene (*Buddy Book*, Meinungslinie), geschlossene (Ampelmethode, Fünf-Finger-Rückmeldung, Fragebogen, Spinnennetzdiagramm), mündliche (Blitzlicht, Meinungslinie) und schriftliche (*Buddy Book*, Fünf-Finger-Rückmeldung, Fragebogen, Spinnennetzdiagramm) Rückmeldungen angeführt. Während sich Blitzlicht, Ampelmethode und Fünf-Finger-Rückmeldung durch ihre einfache und schnelle Handhabung auszeichnen, die sich für eine Zwischenreflexion genauso gut eignen wie für eine Abschlussreflexion, sind Spinnennetzdiagramm und Fragebögen eher für die Evaluation einer abgeschlossenen Thematik einzusetzen.

Die Wahl der Methode bestimmt auch das Auswertungsszenario. In diesem Zusammenhang muss unter anderem die Frage geklärt werden, wer die Datenhoheit hat und wie die Ergebnisse veröffentlicht werden. Im Interesse von Empowerment sollten die Studierenden die Auswertung (z.B. von Fragebögen, Fünf-Finger-Rückmeldung, Spinnennetzdiagramm) nach Möglichkeit eigenständig vornehmen und idealerweise ebenso das sich darauf beziehende Auswertungsgespräch moderieren. Mündliches oder schriftliches Feedback, das beispielsweise einzelnen Personen zu ihrem Auftreten in Simulationen gegeben wird, erfordert jeweils einen eigenen Weg. Hier ist z.B. das Aschenputtelszenario[11] sinnvoll. Der/die Feedbacknehmer/in teilt mit, worüber er/sie sich gefreut hat, welche Aussagen er/sie annimmt oder stehen lässt.

Feedback in der universitären Lehrer/innen/ausbildung – eine Zusammenfassung

Wir erachten es als wichtig, in allen Phasen der Lehrer/innen/ausbildung Feedback für die Studierenden zu einer Selbstverständlichkeit werden zu lassen. Kompetenzförderung im Feedbackgeben, Feedbacknehmen und Feedbackverarbeiten
- liefert den Studierenden die Basis für eine strukturierte Wahrnehmung und persönliche Einschätzung einer Lehr- und Lernsituation;
- bietet ihnen die Chance an der Verbesserung der Qualität und Effektivität von Lehr- und Lernprozessen mitzuwirken;
- regt sie an zur Reflexion von Arbeits- und Lernprozessen und damit zu selbstgesteuertem und lebenslangem Lernen;

---

10 In dieser Einschätzung sehen wir uns bestätigt durch die Rückmeldungen zu den Fragen 10,11. Vgl. Materialiensammlung M9.
11 Vgl. die Anweisung aus dem Märchen Aschenputtel: „Die Guten ins Töpfchen, die Schlechten ins Kröpfchen."

- unterstützt und stärkt ihr Empowerment als Voraussetzung zur Entwicklung der eigenen Lehrer/innen/persönlichkeit.

Die feste Gruppenstruktur im Orientierungspraktikum sowie ein nicht durch Abhängigkeiten gehemmtes Beziehungssystem zwischen Lehrperson und Studierenden sind günstig für die Schaffung einer angstfreien und offenen Lernatmosphäre. In diesem bewertungsfreien Raum kann Vertrauen wachsen, eine Feedbackkultur aufgebaut und regelmäßige Beziehungsarbeit stattfinden. Im Verlauf der Veranstaltung wird durch variierte Feedbackschleifen außerdem die Reflexionsarbeit anhand des Portfolios gestärkt und das darauf aufbauende Feedbackgespräch wird als Abschlussberatung vorbereitet.

So könnte Feedback tatsächlich zu einem Geschenk werden.

Ruth von Lillienskiold

TZI in der Begleitung des Orientierungspraktikums

In dem folgenden Beitrag möchte ich an Beispielen darstellen, wie ich meine Seminararbeit zur Vorbereitung und Begleitung der Orientierungspraktika in der Lehrer/innen/ausbildung der Universität zu Köln nach TZI (Themenzentrierte Interaktion) gestalte.

Die Beispiele, die ich ausgewählt habe, sind die Einführung von Regeln für die Zusammenarbeit zu Beginn des Seminars, die Abschlussrunden am Ende unserer Sitzungen und die Zwischenreflexion mit Hilfe des Vier-Faktoren-Modells der TZI am Ende der Vorbereitungsphase. Damit will ich das besondere Potenzial verdeutlichen, das TZI speziell für die Lehrer/innen/ausbildung entfalten kann.

Die Eignung von TZI für die Arbeit in den Seminaren zum Orientierungspraktikum

Das theoretische und praktische Konzept der TZI ist ein von der Psychoanalytikerin Ruth Cohn[1] auf der Basis grundlegender Erkenntnisse der Psychoanalyse und der Humanistischen Psychologie entwickeltes Handlungskonzept für den Umgang und die Arbeit mit Menschen. TZI ist ein häufig angewandtes Verfahren zur Leitung von Gruppen.

Nach dem „Kölner Modell" der Lehrer/innen/ausbildung sollen „neue Lehr- und Lernformen … eigenverantwortliches, kooperatives und forschendes Lernen in Verbindung mit Coaching und Supervision auf der Basis der Idee des Empowerment ermöglichen" (Modellbericht, Homepage der Uni Köln. In Hummelsheim/Rohr 2012, 14).

Das Menschenbild der TZI geht entsprechend dem der humanistischen Psychologie von persönlichem Wachstum, Selbstaktivierung und Selbstverantwortung aus. Hier sehe ich eine Verbindung zur Idee und Haltung des Empowerment, welche die Seminare zum Orientierungspraktikum auszeichnen sollen.

---

1   Ruth Cohn ist 1912 als Tochter jüdischer Eltern in Berlin geboren und 2010 in Düsseldorf gestorben. Vor dem Holocaust flieht sie in die Schweiz und arbeitet zunächst als Kinder- und Jugendtherapeutin, später als Psychoanalytikerin. Aufgrund der Auseinandersetzung mit den Taten im nationalsozialistischen Deutschland und der Verführbarkeit der Menschen entwickelt sie gesellschaftstherapeutische Intentionen und absolviert eine Ausbildung in Gruppentherapie, Gestalttherapie und „Erlebnistherapie" in den USA. Sie verlagert ihren Schwerpunkt auf die Arbeit mit Gruppen und entwickelt schließlich daraus das Konzept der TZI. Dieses Konzept lässt sich unter anderem im Bereich der Pädagogik anwenden. Sie gibt ein Buch über Lehren und Lernen mit TZI heraus (Cohn/Terfurth, 1993).

In den festen Gruppen der Seminare soll eine „Fokussierung auf Beziehungsge-staltung, Feedbackkultur und berufsbiografisch bedeutsame Reflexionsprozesse" er-möglicht werden (Hummelsheim/Rohr 2012, 14).

Ich stimme Reiser und Dlugosch (1998) zu, dass TZI dann die geeignete Form der Gruppenarbeit ist, „wenn gleichermaßen persönliche Entwicklung der Teilneh-mer/innen, Kooperation in der Gruppe, Arbeit an einer gemeinsamen Sache und Be-zugnahme zu den Rahmenbedingungen und Grundlagen des menschlichen Zusam-menlebens angestrebt werden" (9).

Während des Seminars reflektieren die Studierenden ihr Bild des Lehrerberufs, ihrer eigenen Rolle und ihre Erfahrungen in Schule und Unterricht kritisch, erwei-tern sie und üben psychosoziale Basiskompetenzen ein. Es geht also um ihre per-sönliche Entwicklung, aber gleichzeitig auch um die Zusammenarbeit in der Gruppe und die gemeinsame Arbeit an bestimmten Themen, also um ganzheitliches Lernen. „TZI setzt … auf die Entwicklung von Person und Gruppe, … auf selbstverantwort-liches Lernen …, auf die Entwicklung von Selbstkompetenz, Sozialkompetenz und Fachkompetenz, auch auf das Zusammenspielen von Struktur, Prozess, Vertrauen" (Meyer in TZI 2/2004, 18).

Was mich an TZI besonders begeistert, ist, dass es nicht ausschließlich um be-stimmte Themen geht, sondern dass ich mich zusätzlich mit meinen Bedürfnissen, Gefühlen, meinen Kompetenzen und meiner Biografie berücksichtigt und wertge-schätzt fühle und gleichzeitig der Austausch und die Beziehungen in der Gruppe ge-fördert werden. Dieses Zusammenspiel vollzieht sich auch noch unter Berücksichti-gung der äußeren Rahmenbedingungen. Dadurch habe ich das Lernen mit Hilfe der TZI immer als besonders lebendig und leicht empfunden, selbst wenn es sich um schwierige Themen handelte.

Aus diesen Gründen halte ich das Arbeiten nach TZI für die Begleitveranstaltung zum Orientierungspraktikum für besonders geeignet. Für die Student/inn/en hat es einen Modellcharakter, denn auch in der Schule haben sie vorwiegend mit Gruppen zu tun, auch dort geht es um die Arbeit am Thema, das Beteiligtsein jedes/jeder Ein-zelnen und die Interaktion in der Gruppe. Deshalb eignet sich das Konzept der TZI auch besonders für die Lehr- und Lernprozesse in der Schule und für deren profes-sionelle Reflexion.

Beispiele für die Arbeit nach TZI

Einführung von Regeln für die Zusammenarbeit im Seminar

Bereits zu Beginn des Seminars führe ich die beiden Postulate der TZI und zwei der Hilfsregeln ein (Langmaack/Braune-Knickau 1995), um das Miteinander zu stärken.

Mit den ersten beiden Regeln, den Postulaten der TZI – Forderungen, die sich aus der Grundhaltung ergeben – soll die Handlungsfähigkeit der Einzelnen gefördert werden. Die Regeln 3 und 4, zwei TZI-Hilfsregeln, sollen einer besseren Kommunikation in der Gruppe dienen. Zusätzlich zu den beiden Postulaten habe ich diese beiden Hilfsregeln ausgewählt, da sie mir für die Studierenden am wichtigsten erscheinen.

1. Sei Deine eigene „Chairperson". Leite Dich selbst.
2. Störungen haben Vorrang.
3. Sei selektiv-authentisch in Deinen Kommunikationen.
4. Vertritt Dich selbst in Deinen Aussagen. Sprich per „ich" und nicht per „wir" oder per „man".

Ein Plakat mit diesen Regeln hängt während unserer Sitzungen immer an der Wand und wird von den Student/inn/en auch wahrgenommen. Dies äußert sich in Bemerkungen wie „Ah ja, unsere Regeln" oder „Wie war noch mal die Regel?"

Zu 1:
Dieses Postulat fordert zur Verantwortungsübernahme für die eigene Person auf.

Zu 2:
Das Störungspostulat besagt, dass Störungen die Arbeit, das Lernen und das Wachstum behindern können. Deshalb ist es wichtig, diese Störungen zu benennen, sie ernst zu nehmen und sie so weit zu bearbeiten, bis die Person oder Gruppe wieder arbeitsfähig ist.

Zu 3:
Hier geht es darum, einerseits offen und echt zu sein, andererseits aber auszuwählen, was ich sagen, zeigen und tun möchte, um Vertrauen und Verständnis zu ermöglichen.

Zu 4:
Diese Regel habe ich in meinem ersten Seminar nachträglich ergänzt, da die Studierenden häufig „man" sagten, wenn sie sich selbst meinten. Statt sich hinter der öffentlichen Meinung oder einer angeblichen Mehrheit zu verstecken, soll der/die Sprechende Verantwortung für das übernehmen, was er/sie sagt.

Obwohl ich den Sinn dieser Regeln erklärt habe, fiel es vielen Student/inn/en nicht leicht, sie zu berücksichtigen. Bei der Abschlussdiskussion sagten einige von ihnen, dass sie es nicht gewohnt seien, für sich selbst zu sorgen und eigene Interessen zu vertreten; sowohl in der Schule als auch an der Universität hätten sie zu wenig erlebt, dass ihre eigene Meinung gefragt gewesen sei.

Einige der Studierenden haben darauf geachtet, per „ich" zu sprechen, und sich gelegentlich auch selbst korrigiert. Andere habe ich immer wieder daran erinnert, da diese grundsätzlich stattdessen das Wort „man" benutzten.

Am leichtesten konnten die Student/inn/en mit dem Störungspostulat umgehen. Einige hatten davon auch schon gehört. Vor allem in den Abschlussrunden kamen Störungen zur Sprache (s.u.).

Bei der Diskussion über Werner Helspers Antinomie „Pädagogik zwischen der Entfaltung der kindlichen Natur und Disziplinierung" (Helsper 2007, 26-28) machten einige Studierende den Vorschlag, statt des völligen Freilassens der Schüler/innen oder des Ausübens von Disziplinarmaßnahmen ähnliche Regeln auch in den Schulklassen einzuführen.

In den Rückmeldungen am Ende des Seminars äußerten die Student/inn/en, dass es ihnen schwer gefallen wäre, die vorgegebenen Regeln zu beachten. Zu der guten und offenen Atmosphäre in unserem Seminar hätten aber gerade diese Regeln beigetragen.

Abschlussrunden am Ende der Sitzungen

Meine Sitzungen enden immer mit einer Abschlussrunde. Hier geht es mir darum, immer wieder die unterschiedlichen Perspektiven der Einzelnen einzubeziehen, die Gruppe für die einzelnen Teilnehmenden sensibel zu machen und gleichzeitig die Gruppenzugehörigkeit zu stärken. Ich selbst bekomme dadurch auch Rückmeldungen, die ich in die Vorbereitung der nächsten Sitzungen mit einbeziehen kann.

In diesen Schlussrunden äußern sich die Studierenden kurz zu Themen wie „Meine Befindlichkeit am Ende dieser Sitzung", „So gehe ich jetzt nach Hause bzw. in die Mittagspause", „Was ich von heute mitnehme" oder „Was mir klar geworden ist, was mir unklar bleibt". Je nach dem Verlauf der Sitzung sollen sie einen oder mehrere Sätze dazu sagen oder auch nur ein Wort. Manchmal lasse ich sie ihre Befindlichkeit nur durch eine Gestik oder Mimik ausdrücken, ein Smiley dazu malen oder aus Bildern mit verschiedenen Gesichtern eines auswählen.

Waren die Rückmeldungen am Anfang eher undifferenziert („Es geht mir gut" oder „Ich fand die Sitzung heute gut"), so wurden sie im weiteren Prozess zunehmend differenzierter und gezielter. Es kamen Aussagen wie „Es war ein sehr intensiver Austausch mit der Gruppe über die Rolle des Lehrers. Es gefällt mir hier immer besser", „Wir entwickeln hier immer mehr Kompetenzen für den Lehrerberuf", „Das ist ein Seminar, wo wir wirklich auf den Lehrerberuf vorbereitet werden". Es fielen aber auch Äußerungen wie „Mir hat nach der Gruppenarbeit ein Austausch in der ganzen Gruppe gefehlt" und „Ich habe mich bloßgestellt gefühlt". (Äußerungen aus dem Sommersemester 2012)

Diese letzte Rückmeldung erfolgte am Ende einer der Sitzungen, in denen wir biografische Schlüsselsituationen bearbeitet hatten. Ein Student hatte eine Situation vorgestellt, in der er einerseits als Schüler verzweifelt war, die andererseits aber auch komisch war. Einige der Mitstudent/inn/en reagierten mit Witzen und Gelächter auf diese Situation. Insgesamt zeigte die Gruppe aber Verständnis und Mitgefühl.

Die Rückmeldung des betroffenen Studenten aus der Abschlussrunde konnte ich in der nachfolgenden Sitzung aufgreifen. Es entwickelte sich ein offenes Gespräch über den Umgang der Gruppe mit den vorgestellten Fällen, in dem auf die Gefühle der Einzelnen eingegangen wurde. Äußerung des Betroffenen dazu in der Abschlussrunde: „Es hat mir gut getan, dass wir darüber noch mal gesprochen haben; ich verstehe eure Reaktion jetzt" und eines Mitstudenten: „Mir hat gut gefallen, dass wir offen unsere Meinung sagen konnten."

Zwischenreflexion mit Hilfe des Vier-Faktoren-Modells der TZI

In der 13. Sitzung führe ich mit den Student/inn/en eine Zwischenreflexion unseres Seminars durch. Dafür verwende ich das Vier-Faktoren-Modell der TZI, das in der Literatur als gleichseitiges Dreieck in einer Kugel dargestellt wird (siehe Ewert 2008, 228). Hierzu lege ich auf dem Fußboden in der Mitte des Raumes aus drei Holzstäben ein gleichseitiges Dreieck aus, an dessen Ecken Schilder liegen mit den Begriffen „Einzelperson/Ich", „Gruppe/Wir" und „Thema/Es". Darum herum lege ich kreisförmig ein Seil mit dem Schild „Umfeld/Globe" (siehe Abbildung 1).

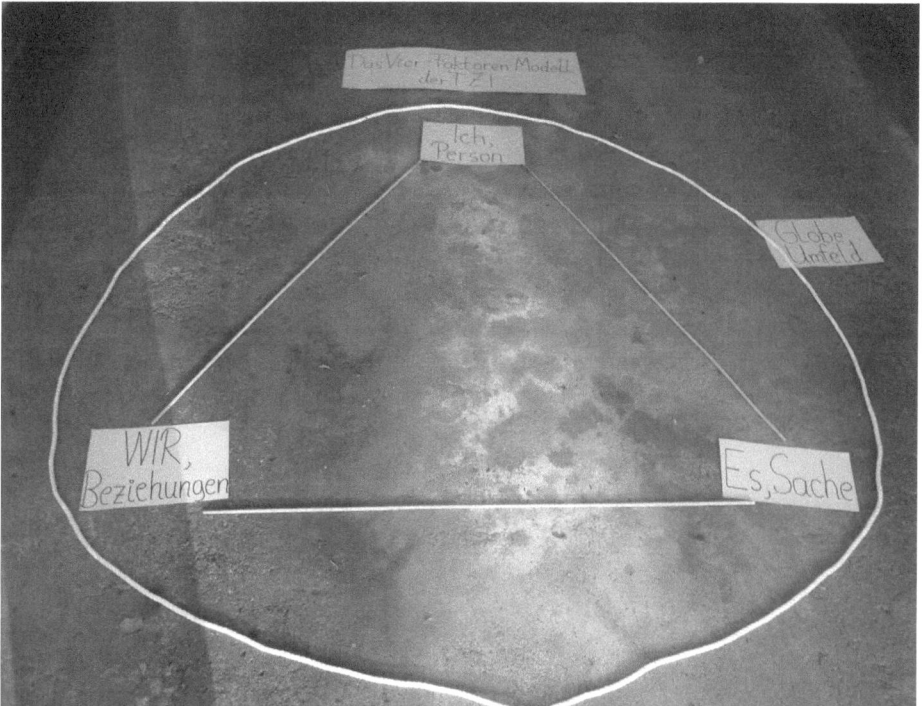

Abbildung 1: Praktische Anwendung des Vier-Faktoren-Modells

An dieser Stelle gebe ich eine Einführung in die TZI, erzähle über Ruth Cohn und ihre Gründe für die Entwicklung der TZI und erläutere sowohl die Haltung, die dahinter steht, als auch das Vier-Faktoren-Modell.

Anschließend bitte ich die Studierenden, sich jeweils dort zu positionieren, wo sie den bisherigen Schwerpunkt des Seminars erlebt haben. Im Anschluss findet darüber eine Diskussion statt.

Die meisten Student/inn/en standen zwischen „Ich" und „Wir". Sie begründeten das damit, dass es viel um die eigenen Anliegen, Ansichten, Erlebnisse und Gefühle gegangen sei und dass durch den Austausch in den Kleingruppen die Beziehungen in der Gruppe sehr gefördert wurden. Einzelne Studierende stellten sich auch zwischen „Wir" und „Es". Die Begründung einer Studentin lautete: „Wir hatten aber auch immer ein Thema". Der „Globe" wurde von den Student/inn/en bei ihrer Positionierung nicht berücksichtigt. Erst auf meine Nachfrage hin wurde der Gruppe dessen Bedeutung und dessen starker Einfluss auf unsere Arbeit klar. Hier nannten die Studierenden die Unklarheiten und Unsicherheiten, die durch das noch in der Entwicklung befindliche Konzept der neuen Lehrer/innen/ausbildung an der Universität entstanden waren.

Die Reflexion endete mit der Erkenntnis, dass alle vier Faktoren bedeutsam sind und den Gruppenprozess gleichermaßen prägen.

Zum Stellenwert von TZI für die Lehrer/innen/ausbildung

Den Student/inn/en in meinen Seminaren konnte ich vor Augen führen, dass nach TZI die Gruppenleitung die Aufgabe hat, jene vier Faktoren zu beachten und einzubeziehen, die den Gruppenprozess prägen, und immer wieder eine Balance zwischen ihnen herzustellen. Sie konnten erleben, dass dies zu ganzheitlichem und lebendigem Lernen führt. Mit Blick auf die praktische Anwendung des theoretischen Konzepts von TZI im Kontext der Lehrer/innen/ausbildung erscheint mir abschließend vor allem bemerkenswert, dass das universitäre Lehrangebot eine zusätzliche Qualität erhält. Sie ermöglicht Studierenden die sensible Selbst- und Fremdwahrnehmung im Lehr-/Lerngeschehen und die Fähigkeit ihren Wahrnehmungen Ausdruck zu verschaffen. So kann sie ihnen zu mehr Verantwortungsbewusstsein für das eigene pädagogische Handeln verhelfen.

Helga Daniels

„Als ich vor der Tür stand, war ich noch gar nicht aufgeregt."

Unterstützung der körpersprachlichen Wirkung im Auftreten vor einer Klasse

Die folgende Einheit „Körperkompetenzen"[1] wurde in einer Lehrveranstaltung „Vorbereitung und Begleitung des Orientierungspraktikums" im Sommer 2012 durchgeführt. Während des Semesters sind es wöchentlich 90-Minuten-Termine, davon habe ich den 8. und 9. Termin von insgesamt 13 auf diese Einheit verwendet. Alle diese 90-Minuten-Sitzungen erziehen zu Zeit-Disziplin in der didaktischen Aufbereitung. Zu diesem Zeitpunkt waren 18 Studierende in dieser Veranstaltung eingeschrieben.

Vorbereitend auf praktische Übungen zur Körperwahrnehmung habe ich an dem ersten dieser beiden Termine zunächst mit den Studierenden Aspekte der Körpersprache anhand eines Arbeitsblatts[2] kognitiv erarbeitet und kurz demonstriert. Im allgemeinen Verständnis gehören dazu Mimik, Gestik, Körperhaltung, Blickkontakt und Stimme. Um die Wahrnehmung zu erweitern habe ich hinzugefügt: Stand, Proxemisches Verhalten[3], Körperbewegungen, Dynamik/Energie, Spannung, Artefakte[4], Atmung und Stimme.

In der Fachliteratur wird vielfach die Dominanz der körpersprachlichen gegenüber der verbalen Kommunikation nachgewiesen. Bei einer ersten Begegnung werden in Bruchteilen von Sekunden über alle Sinneskanäle Eindrücke aufgenommen und weitgehend unbewusst eine Einschätzung vorgenommen. Übereinstimmend wird gesagt, dass dieser erste Eindruck zu mehr als 90 % durch nonverbale Körpersignale entsteht. Im weiteren Umgang miteinander differenziert sich die Wahrnehmung, dennoch spielen das „Sich-Riechen-Können" und die „Chemie" eine bleibende entscheidende Rolle.

Ziel dieser Einheit „Körperkompetenzen" ist, den Studierenden ein Bewusstsein ihrer eigenen körpersprachlichen Wirkung zu vermitteln. Im Folgenden habe ich im Seminar die Frage gestellt, was uns die Körpersprache offenbart. Wenn das ein Teil der Kommunikation ist, was wird kommuniziert? Unter anderem wurden diese Aspekte zusammengetragen: Mit welcher Persönlichkeit habe ich es zu tun, in welcher Stimmungslage ist diese Person, ist sie an mir interessiert, authentisch, sind ihre verbalen Aussagen kongruent mit ihren körperlichen Signalen, wie steht es um deren Selbstbewusstsein.

---

1   Den Begriff „Körperkompetenzen" habe ich dem Buch von Julia Košinár (2009) entnommen. Einige der dort beschriebenen Übungen habe ich für mein Seminar adaptiert.
2   Siehe www.waxmann.com/buch2779.
3   Verhalten in Bezug zum umgebenden Raum, z. B. Positionieren in Nähe und Distanz.
4   Kleidung, Frisur, Schmuck, „Outfit".

Schwerpunkt dieser Sitzung war die Übung „Betreten eines Raumes" (nach Košinár 2009, 187) als Vorübung zur komplexeren Übung „Auftritt vor einer fremden Klasse" in der darauffolgenden Sitzung. Der Fokus liegt hier ausschließlich auf der körpersprachlichen Gestaltung dieser knappen Minute. Die Anleitung schärft die Sinne für die Eigen- und Fremdbeobachtung: *Wie öffne und schließe ich die Tür? Wann schaue ich in die Runde? Nehme ich erst Blickkontakt auf und nehme ihn dann wieder weg, um die Tür zu schließen? Welche Varianten des Blickverhaltens gibt es? Wo gehe ich hin und suche meinen Platz? Mit welchen Gesten? Wie ruhig oder unruhig stehe ich?* Die Abfolge war somit klar: Türe aufmachen, reinkommen, Türe zumachen, Blickkontakt aufnehmen, seinen Platz finden und stehen bleiben. Der zu betretende Raum wurde als Klassenraum mit nicht näher definierten Schülern beschrieben.

Die folgenden 45 Minuten waren eine hochkonzentrierte Abfolge von „Auftritt" und Feedback. Jeder kam der Reihe nach dran. Für mich – und offenbar auch für die Studentinnen und Studenten – war spannend, wie sich bei einer so einfachen Abfolge sehr individuelle Tempi, Blickintensitäten, Gesten, Standorte, Reichweiten von Präsenz und Wirkungen von Persönlichkeit zeigten. Die Rückmeldungen bezogen sich beeindruckend präzise auf diese Wahrnehmungen. Wie die Übung auf der Metaebene beurteilt wurde, das fasse ich im Gesamt-Feedback am Ende zusammen.

Die zweite Einheit zu diesem Thema fand eine Woche später statt. Da unser Seminarraum sehr klein ist, haben wir uns für diesen Termin einen größeren Raum organisieren können, der zudem in der Möblierung und Farbigkeit sehr anders war. So bot sich den Student/inn/en eine ungewohnte Raumatmosphäre, die ich gut für die folgende Übung nutzen konnte.

Erster Schritt: Wahrnehmung des Raumes. Mit dem Begriff „proxemische Körpersprache" konnte ich an die letzte Stunde anknüpfen. Anleitung: *Nehmen Sie den Raum sozusagen „in Besitz", akklimatisieren Sie sich hier. Gehen Sie einfach in Ihrem Tempo durch den Raum – ohne zu reden! –, nehmen Sie alle Details wahr, mit den Augen, mit den Sinnen, hören, riechen, tasten. Auch Ihre Mitstudierenden nehmen Sie wahr, nehmen aber nicht bewusst Kontakt auf, die Antennen soweit, dass Sie sich nicht ins Gehege kommen.*

Zweiter Schritt: Wahrnehmung des eigenen Raum-Verhaltens (nach Košinár 2009, S. 158) Anleitung: *Nehmen Sie wahr, wie viel Raum Sie sich nehmen. Nutzen Sie mehr den Rand, die Ecken? Bewegen Sie sich gerne mehr in der Mitte? Laufen Sie „gegen den Strom"? Gehen Sie eher dominant Ihren Weg oder eher ausweichend? Gibt es einen Platz im Raum, wo Sie sich intuitiv wohler fühlen als an anderen Plätzen? Bitte dort innehalten, schauen Sie sich um. Wo stehen Sie, wo die anderen?*

Auf Befragen erklären einige ihre Positionierung so: *„Hier habe ich den Überblick, kann alle sehen, habe die Tür im Blick und kann aus dem Fenster schauen."* – *„Ich bin überrascht, dass ich hier in der Mitte stehe, als einziger. Ja, doch, es stimmt, hier blei-*

be ich." – *„Ich glaube, mich hat es zu meinem Platz gezogen, an dem ich vorhin geses-*
sen habe."[5]

Diese Übung hat den Zweck, sich bewusst zu werden, welche Plätze in einem
Raum unbewusst gesucht oder vermieden werden. Das Raumverhalten kann flexib-
ler werden, kann bewusst eingesetzt werden. Außerdem schärft es die Wahrnehmung
für die proxemische Körpersprache anderer.

Dritter Schritt: Raumverhalten in einer Klasse. Anleitung: *Stellen Sie sich vor, das*
sei ein Klassenraum. (Eine Anzahl Stühle wird in Hufeisenform in die Mitte gescho-
ben. Ein Teil der Gruppe setzt sich als Schüler/innen, zwei Paare werden benannt als
jeweils Lehrer/in und Praktikant/in. Die Situation wird definiert als 6. Klasse, Stillar-
beit.) *Die Aufgabe ist, ohne Sprache, sich im Klassenraum zu bewegen. Es geht hier nur*
darum, wie Sie den Raum nutzen, probieren Sie alles Mögliche aus, Sie als Praktikant/
in, Sie als Lehrer/in. Wo fühlen Sie sich wohl, wollen Sie Kontakt aufnehmen mit Schü-
ler/inne/n? Und die „Schüler/innen" registrieren einfach, wie das auf Sie wirkt, wenn
z. B. eine Person sehr nah kommt, vielleicht auch Körperkontakt aufnimmt.

Das erste Paar, Lehrer und Praktikantin, stellt sich der Aufgabe, direkt anschließend
das zweite, Lehrerin und Praktikant.

Die „Schüler/innen" melden als erste Reaktion mehrfach zurück: *„Also, ich find's*
total unangenehm, wenn jemand hinter mir langgeht, dann fühlt man sich so beobach-
tet und kontrolliert." Darauf bezieht sich der „Lehrer" in seinem Feedback, er habe
beim *„Hintenrum-Laufen eine gewisse Machtposition"* verspürt. Angenehm wurde
von „Schüler/innen"-Seite bewertet, *„… wie M. das gemacht hat, weil sie vorne war,*
war auch ansprechbar, hat auch Blickkontakt aufgenommen." Dass das bewusst so ge-
wählt war, bestätigt die „Lehrerin": *„Ich wollte nicht viel rumlaufen, damit die Schü-*
ler konzentriert den Fokus auf ihre Aufgaben legen, aber trotzdem wissen, dass ich als
Ansprechpartnerin zur Verfügung stehe." Aus der Rolle des „Praktikanten" wird gesagt: *„Der Lehrer ist ja immer so eine gewisse Führungsposition und so habe ich mich*
immer ein bisschen zurückgestellt, dass sich die Schüler in erster Linie auf den Lehrer
konzentrieren."

Wie viel nur durch Bewegung im Raum und Blicke „passiert", ist hier allen deutlich geworden. Was sich im Empfinden verändert, wenn jemand näher kommt oder
weiter weg geht, vor oder hinter einem steht. Wie fein das „proxemische Zusammenspiel" von Lehrperson und Praktikant/in in Bezug auf den Status ist. Wie durch
eine bestimmte Positionierung Macht ausgedrückt werden kann. Und wann erfährt
man schon mal, wie unangenehm Schüler/innen das „Hintenrum-Laufen" empfinden? Diese Student/inn/en werden sich als Lehrer/innen sicher daran erinnern.

Vierter Schritt: Körperhaltung Selbst- und Fremdbilder. Anleitung: *Jetzt geht es*
darum, sich bewusst zu werden über die eigene normale Körperhaltung und wie sie

---

5   In Anführungszeichen = wörtliche Zitate der Studierenden nach einer Audioaufnahme dieser
    Sitzung.

auf andere wirkt. (Es werden 3er- oder 4er-Gruppen gebildet). *Verteilen Sie sich im Raum. Ich demonstriere das Vorgehen an einer der Gruppen: Sie stellen sich so, dass sich alle drei gut sehen können. Eine/r von Ihnen beginnt und stellt sich einfach so hin, wie er/sie normalerweise steht. Die anderen beiden schauen sich das erst einmal sehr genau an, jedes Detail, wie die Füße stehen, sind die Beine durchgedrückt, wie sind die Arme und Hände, wie wird der Kopf gehalten, möglichst genau. Dann spiegeln die anderen beiden diese Position, indem sie genau diese Haltung einnehmen. Halten Sie die Position so eine halbe Minute und lockern wieder. Dann geben Sie Rückmeldung. Wie hat sich das angefühlt? Wo haben Sie Spannungen bemerkt? Welche Gefühle hat es ausgelöst? Beschreiben Sie einfach und interpretieren Sie nichts.*

Die Student/inn/en sind lebhaft damit beschäftigt und ich beobachte viel anteilnehmendes gegenseitiges Feedback. Aus dem Grunde fordere ich nicht noch einmal allgemeines Feedback im Plenum ein.

Fünfter Schritt: Wirkung von Körperhaltungen nach innen (nach Košinár 2009, 169). Um darauf einzustimmen, greife ich auf einen bekannten Cartoon der „Peanuts" zurück. Mit einer Kollegin spiele ich das als kleinen Sketch vor:
Die Figur Charly Brown zeigt seiner Schwester Lucy: „So stehe ich, wenn ich deprimiert bin." Kopf gebeugt, hängende Schultern. Er kehrt Ursache und Wirkung um und erklärt: „Wenn du deprimiert bist, ist es ungeheuer wichtig, eine ganz bestimmte Haltung einzunehmen." Er verstärkt seine aufgerichtete Haltung: „Das Verkehrteste, was du tun kannst, ist aufrecht und mit erhobenem Kopf dazustehen, weil du dich dann sofort besser fühlst." Und weiter: „Wenn du also etwas von deiner Niedergeschlagenheit haben willst, dann musst du so dastehen." Und demonstriert wieder die entsprechende Körperhaltung.

Anleitung: Und jetzt möchte ich Sie auffordern, das mal selbst auszuprobieren. Im Gehen. Zuerst mal die „Charly-Brown-Haltung". Achten Sie wirklich darauf, wie sich das anfühlt. Versuchen Sie nicht, das zu karikieren, sondern achten Sie darauf, welche Gefühle auftauchen. …. Und jetzt drehen wir den Schalter um und wollen uns besser fühlen. Aufrecht, Kopf hoch, Arme locker. Wie fühlt sich die Atmung an und wie verändern sich die Gefühle? – Beide Haltungen werden wiederholt. Bei der letzten, aufrechten Haltung ermutige ich, eigene Variationen auszuprobieren. Einige gehen schneller, bewegen die Arme mehr, lächeln.

Beim Feedback stellt sich heraus, dass manche die Unterschiede nicht so stark empfunden haben, *„weil das trotzdem so eine langsame Trauerrunde war. … Dann bin ich einfach mal so kreuz und quer gegangen und bin auf einmal schneller gegangen und dann ging's direkt viel besser."* Andere melden zurück: *„Wenn man so niedergeschlagen rumgegangen hat, dann hat man eigentlich nur den Boden gesehen und hat für sich ein bisschen nachgedacht … so hat man nicht gesehen, wo man hingelaufen ist – und wenn man halt hochgeguckt hat, hat man rausgeguckt (Stimme wird lebhafter), direkt son bisschen lebendiger."* Die Atmung sei freier geworden, wenn man sich aufgerichtet habe.

Diese Übung sollte sensibilisieren für den Zusammenhang von Körperhaltung und Psyche. Die psychische Gestimmtheit drückt sich in einer Körperhaltung aus. Umgekehrt kann man aber auch durch eine Veränderung der Körperhaltung die eigene Stimmung verändern, im besten Fall verbessern. Wie wichtig im Lehrberuf die Kompetenz der Selbstregulierung in belasteten Phasen ist, wissen wir aus vielen Studien zur Lehrer/innen/gesundheit.[6] In diesem Kontext konnte diese Kompetenz angebahnt werden.

Sechster Schritt: Auftritt vor einer fremden Klasse.[7] In der letzten Sitzung wurde nonverbal das Betreten eines Klassenraumes nur auf körpersprachliche Signale hin erfahren und beobachtet. Heute soll dies erweitert werden, es sollen die ersten Momente vor einer fremden Klasse szenisch gespielt werden. Zum körpersprachlichen Auftreten kommt hier die verbale Kontaktaufnahme im Rahmen einer konkreten schulischen Situation. Diese Situation wird kurz so beschrieben: *Sie sind Praktikant/in und bekommen von Ihrem Lehrer/ihrer Lehrerin die Aufforderung, schonmal in die Klasse zu gehen, er/sie habe noch was zu erledigen und käme gleich nach. Sie kennen die Klasse noch nicht.*

Zur Einstimmung und Vorbereitung auf den „Auftritt" erinnerte ich nochmal an die Übung von der letzten Stunde, richte also damit wieder die Aufmerksamkeit auf die Aspekte der Körpersprache. Die Einstimmung auf die zusätzlichen erweiterten Anforderungen kleide ich in folgende Fragen und Hinweise: *Hier geht es um die Begrüßung und Kontaktaufnahme. Wie stelle ich mich vor? Nenne ich auch meinen Vornamen? Schreibe ich meinen Namen an die Tafel? Wie viel Persönliches darf sein? Gebe ich den Schüler/inne/n eine Aufgabe und welche?* Ganz wichtig ist mir die Frage, ob man eine Vorstellung davon hat, welchen Eindruck man machen möchte. Zur Illustration dieser Frage biete ich das Bild des Inneren Teams (Schulz von Thun/Stegemann, 2008) mit den widerstreitenden Anteilen an (s. Abbildung 1).

---

6   Z. B. Schaarschmidt/Kieschke, 2007, s. auch Artikel von S. Erbring in diesem Buch.
7   Idee adaptiert aus dem Kasseler Modell (Zentrum für Lehrerbildung der Universität Kassel), vgl. auch Beitrag von Hummelsheim in diesem Buch.

Abbildung 1: Bild vom Inneren Team einer Praktikantin/eines Praktikanten, vor dem Auftritt vor einer fremden Klasse (Zeichnung d. Autorin)

Der Eindruck vor einer fremden Klasse ist der berühmte erste Eindruck, dem man entsprechende Aufmerksamkeit widmen sollte.

Womit schafft man den Sprung von der Schüler/innen/rolle zum/zur „Lehrer/in in Ausbildung"?

Die „Klasse" wird gebrieft, wohlwollend dem/der „Lehrer/in" gegenüber zu sein und in der Doppelrolle als Schüler/innen und Kolleg/inn/en zu beobachten, welche Wirkung mit welchen Worten und Signalen erlebt wird.

Erster Protagonist ist ein männlicher Studierender. Er bestimmt das Setting: 8. Klasse Realschule, Sitzreihen mit Mittelgang, frontal ausgerichtet. Dann gehe ich kurz mit dem Studenten vor die Tür und berate mit ihm, was er vorhat.

Seine Art der Gestaltung spiegelt sich im Feedback der „Schüler/innen": *„Ich fühlte mich ein bisschen überrumpelt, das war alles so schnell und so plötzlich." „Irgendwie wirktest du sehr in deiner Welt. Ich hab mich nicht so richtig angesprochen gefühlt." „Du hast in die Klasse geguckt, aber niemanden so richtig angeguckt. Irgendwann hätte ich als Schüler abgeschaltet." „Du hast dir Zeit genommen, vorne anzukommen und dann war ich sehr gespannt, was da kommt."*

Auf die Rückmeldungen nimmt der Student in seiner Resonanz nicht direkt Bezug, als habe er sie nicht gehört. Er beschreibt sein eigenes inneres Erleben: *„Ich wollte eigentlich streng rüberkommen. Aber als ich dann in den Raum reingekommen bin, musste ich irgendwie lachen. Dann ist mir aufgefallen, dass das, was ich eigentlich* *vorhatte, dass ich das gar nicht mehr machen konnte. Ich wollte eher so autoritär rü-berkommen."*

Mein Dilemma in dieser Situation war, entweder mehr in die Tiefe zu gehen oder das so stehen zu lassen und einer zweiten Person die Chance zu geben. Zur Vertiefung hätte sich angeboten, nach seinem Lehrerbild zu fragen, was für ihn „streng" und „autoritär" bedeutet. Ein zweiter Versuch, eine andere Variante auszuprobieren ohne dieses Programm im Kopf, hätte auch nahegelegen. Aber die Uhr zeigte nur noch 15 Minuten, ich entschied mich für eine zweite Protagonistin, eine Studentin. Vorgehen wie vorher.

Diese Protagonistin stellt sich persönlicher vor (*Ich bin Praktikantin, studiere …*) und ihr gelungener Kontakt spiegelt sich in dem folgenden Feedback: *„Ich hab mich gut gefühlt, du warst sofort präsent. Angenehm, dass du schon mal den Anfang machst, so könntest du auch weitermachen." „Ich fand's sehr klar, du hast dir Zeit gelassen nach jedem Satz, man hat alles verstanden." „Wie du da gestanden hast, habe ich als Schüler empfunden, da ist jemand der mich leiten kann."*

Die Studentin registriert, von sich selbst überrascht, dass sie plötzlich aufgeregt war: *„Als ich vor der Tür stand, war ich noch gar nicht aufgeregt und als ich dann hier war … oh! Dass man dann da steht und wirklich am Stück länger reden muss, das ist nicht so leicht."* Wir sind uns einig, dass der „Auftritt vor einer fremden Klasse" eine sehr komplexe Situation ist, in der es gleichzeitig vieles wahrzunehmen und zu agieren gilt. Ende der Sitzung.

Anstelle eines Fazits von mir sollen die Rückmeldungen der Studierenden für sich sprechen. Eine Woche später erfahre ich auf Nachfrage:[8]

- Das Spiegeln der Körperhaltungen sei gut gewesen, man habe erfahren wie man wirkt.
- Das Spiegeln habe nicht viel Neues gebracht, aber die Wahrnehmung des Raumes. Er wolle künftig mehr wahrnehmen, auch die Schüler, nicht nur auf sich selbst bezogen sein.
- Der Ansatz als solcher sei gut, wichtig sei, dass man es m a c h t und nicht nur redet. Auf jeden Fall solle das mit den Student/inn/en im nächsten Seminar wiederholt werden.
- Die ersten Minuten mit dem Auftritt vor der Klasse, das sei eine gute Vorbereitung für das Orientierungspraktikum.

Die schriftliche Reflexion eines Studenten zur ganzen Einheit „Körperkompetenzen":

Für mich war die Übung sehr aufschlussreich, da man sein eigenes Auftreten von anderen Menschen dokumentiert bekommt und so völlig neue Ansichten dazu gewinnt. Für mich überraschend war, dass mir eine sehr aufrechte Körperhaltung zugesprochen wurde, obwohl ich mir persönlich eher eine gebeugte Haltung zugeschrieben hätte.

---

8 Hier gibt es keine Audioaufnahme, die Rückmeldungen sind nach eigenen Notizen wiedergegeben.

Darüber hinaus war die Übung gut, um auch den Raum zu erfahren und wie man sich im Raum bewegt, um auch Sicherheit zu transportieren. Die Übung hat mir auch sehr stark klar gemacht, wie wichtig der erste Eindruck ist und wie viel wir bereits von uns Preis geben, obwohl wir noch kein Wort gesprochen haben, es kommt also sehr auf die Körperhaltung an.

Interessant fand ich auch den Dialog mit den Anderen, um Erfahrungen auszutauschen, die vertraute und vor allem ehrliche Atmosphäre hat den Austauschprozess noch vereinfacht.

Für mein Praktikum nehme ich auf jeden Fall mit, dass ich laut Kommilitonen eine sehr beruhigende Ausstrahlung besitze, die ich so auf jeden Fall beibehalten möchte, da dies für meinen zukünftigen Beruf und natürlich auch für das anstehende Praktikum nur von Vorteil sein kann.

An was ich auf jeden Fall noch arbeiten möchte, ist meine Ausdruckstärke und vor allem, wenn es sein muss, dass ich auch bestimmend vor eine Klasse trete und meine Vorstellung von einem guten Unterricht umsetze. – Bastian Eiber, Student, 2. Semester

Saskia Erbring

Gesundheitscoaching in der Praktikumsbegleitung
Eine methodische Anregung zur Arbeit mit Studierenden

Gesundheit ist (k)ein Thema für Studierende?

Studierende begegnen dem Thema Gesundheit in Seminaren und in der öffentlichen Debatte häufig im Zusammenhang mit „Burn-out" und einer eher defizitorientierten Perspektive. Es überrascht deshalb nicht, dass Studierende im Umgang mit dem Thema Gesundheit Tendenzen und Haltungen zeigen, die von der deutlichen Distanzierung vom Thema bis hin zu starker Betroffenheit und Identifizierung reichen. Insgesamt gesehen spielt das Thema Gesundheit in der Lehramtsausbildung eine eher untergeordnete Rolle, insbesondere im Hinblick auf die Möglichkeiten konstruktiver Auseinandersetzung mit Reflexionsbezug.

Gesundheit, dies sei an dieser Stelle definitorisch vorangestellt, wird als ein Oberbegriff für körperliche und psychische Gesundheit benutzt (Nieskens/Rupprecht/Erbring 2012). In diesem Beitrag wird zunächst dargestellt, warum das Thema deutliche Relevanz für die Ausbildung von Lehramtsstudierenden besitzt und wie im Rahmen der Praktikumsbegleitung mit Studierenden am Thema gearbeitet werden kann. Im Ausblick wird das Thema Gesundheit im Hinblick auf aktuelle Entwicklungen im Fortbildungsbereich beleuchtet.

Das Thema Gesundheit taucht in der Forschung zum Lehrer/innen/beruf erst seit den 1990er Jahren verstärkt auf. Zentrales Ergebnis der Forschungsarbeiten ist, dass Lehrkräfte im Vergleich mit anderen Berufsgruppen eine gesundheitsgefährdete Risikogruppe darstellen. Im Rahmen des hier vorgestellten Beitrags ist hervorzuheben, dass bereits bei Lehramtsstudierenden mit einem Prozentsatz von über 40% gesundheitsgefährdende Risikomuster im Erleben und Verhalten festgestellt werden (Schaarschmidt/Kieschke 2007). Besorgniserregend ist auch der Anteil des Musters „Schonung" mit ca. 30%. Dieses Muster gilt zwar nicht als Risikomuster, weist aber auf ungünstige und vorrangig defensive Bewältigungsstrategien im Umgang mit beruflichen Anforderungen hin. Die nachweislichen Zusammenhänge zwischen dem Belastungserleben von Lehrkräften und der Unterrichtsqualität und damit dem Lernerfolg der Schüler/innen haben das Thema vom privaten in den öffentlichen Bereich gerückt. Heute werden Gesundheit und Wohlbefinden von Lehrkräften als wichtige Aspekte in der Schulentwicklung angesehen.

Vorherrschend ist in aktuellen Ansätzen der Gesundheitsförderung ein positiver Gesundheitsbegriff. Im Vordergrund steht nicht die Frage, was Menschen krank macht, sondern was Menschen gesund erhält. In der Fachsprache wird in diesem Zusammenhang meist der Begriff „Salutogenese" benutzt (= Entstehung von Gesundheit). Gesundheit gilt dabei weniger als ein Zustand, sondern als ein lebensgeschichtlich und alltäglich immer neu zu regulierendes Potenzial. Es tritt damit die Frage nach den individuellen und sozialen Ressourcen, Hilfen und Schutzfaktoren für die gesundheitsförderliche Bewältigung von Arbeitsanforderungen in den Vordergrund. Die betroffenen Menschen werden also nicht als Opfer der auf sie einwirkenden Belastungen gesehen, sondern es wird ihnen eine aktive Rolle in der Bewältigung und Mitgestaltung der Beanspruchungsverhältnisse zugesprochen.

Die Begleitung des Orientierungspraktikums bietet einige Ansatzpunkte, um das Thema Belastung und Bewältigung frühzeitig in die Ausbildung einzubeziehen: Studierende erleben während des Praktikums eine intensive Arbeitssituation mit Anforderungen auf sehr unterschiedlichen Ebenen. Sie setzen sich mit ihren Erlebnissen im Praktikum bzw. den eigenen Gedanken und Gefühlen in diesem Zusammenhang auseinander und haben gleichzeitig eine Vielzahl koordinativer Aufgaben zu erledigen. Die Komplexität der Aufgaben und Anforderungen bietet eine gute Möglichkeit, den Studierenden Reflexionsangebote zur eigenen Befindlichkeit zu machen und sie in der Entwicklung eines gesundheitsförderlichen Bewältigungsverhaltens anzuleiten, welches später im Berufsleben zunehmend an Bedeutung gewinnen wird.

Im Rahmen dieses Beitrags kann nur ein kleiner Ausschnitt aus dem umfangreichen Themenkomplex bearbeitet werden. Ziel ist es, anhand einiger Beispiele einen Interventionsansatz zu skizzieren, welcher die Studierenden in eine aktive Rolle in der Auseinandersetzung mit dem Thema Gesundheit bringt. Die Ausführungen sind in ein systemisches Konzept des Gesundheitscoachings eingebettet (z.B. Lauterbach 2008). Angestrebt wird in den hier beschriebenen Arbeitseinheiten, dass die Studierenden Wechselwirkungen zwischen Teilaspekten erkennen und diese für ihre Lebensgestaltung nutzen können. Sie sollen in der Lage sein, größere Sinnzusammenhänge rund um das Thema Gesundheit herzustellen und ihre aktiven Gestaltungsmöglichkeiten und eigenen Verantwortlichkeiten zu erkennen. Durch den zugrunde liegenden systemischen Ansatz gelingt es, das Thema Gesundheit aus der rein individuumszentrierten Perspektive herauszulösen und Zusammenhänge einzubeziehen, welche für Problemerhalt wie auch für Problemlösung zuständig sein können.

Betont werden sollte in der Arbeit mit den Studierenden grundsätzlich der ressourcenorientierte Weg: Statt eine intensive Beschäftigung mit der möglicherweise als belastend und einschränkend erlebten aktuellen Situation im Praktikum sollen im Rahmen der Begleitveranstaltungen Handlungsspielräume aufgezeigt werden, welche die Studierenden zur Einflussnahme und aktiven Gestaltung der Lebenszusammenhänge befähigen und ihnen ungenutzte/unbemerkte Ressourcen zugänglich machen.

Methoden aus dem systemischen Gesundheitscoaching für Studierende im Praktikum

Methoden der systemischen Aufstellungsarbeit bieten im Gesundheitscoaching vielseitige Ansatzpunkte für Reflexion und ressourcenorientierte Weiterarbeit. In Aufstellungen werden zentrale Aspekte eines Themas durch Personen oder Gegenstände repräsentiert. Aufstellungen eröffnen neue Sichtweisen auf Zusammenhänge und lassen einen flexiblen Wechsel von Beobachterperspektiven zu. Veränderte Sichtweisen auf die als problematisch erlebten Zusammenhänge lassen Ideen entstehen, wie eine Veränderung des Problemsystems möglich ist. Bei Aufstellungen mit Personen können deren Äußerungen als zusätzliche Informationen für die Ratsuchenden genutzt werden. Auch hier wird die Veränderung von einschränkenden Konstellationen hin zu ressourcenreicheren Handlungszusammenhängen angestrebt (Sparrer/Varga von Kibed 2010).

Für die Arbeit mit Studierenden in der Praktikumsbegleitung wird hier vorgeschlagen, sich dem Thema Gesundheit durch die Herstellung eines Zusammenhanges aus fünf zentralen Bereichen zu nähern (dieser Zugang schließt an den Vorschlag von Petzold 1993 an): Werte, Körper, soziales Netzwerk, Arbeit und Leistung sowie materielle Sicherheit. Die Studierenden setzen sich damit auseinander, welchen Stellenwert die einzelnen Bereiche in ihrer aktuellen Situation besitzen und erschließen sich Perspektiven zum Erhalt und zur Verbesserung von Gesundheit und Wohlbefinden.

Zur Verfügung stehen sollte eine Blockveranstaltung, die mindestens drei volle Zeitstunden umfasst. Die Studierendengruppe sollte bereits gut miteinander vertraut sein und seit mehreren Sitzungen miteinander gearbeitet haben. Die Studierenden befinden sich im Praktikum.

Als Einführung in das Thema wird ein Brainstorming zum Thema „Gesundheit" empfohlen. An dieser Stelle kann den Studierenden verdeutlich werden, dass Gesundheit sehr viel mehr bedeutet als lediglich die Abwesenheit von Krankheit. Das Grundverständnis der Salutogenese kann an dieser Stelle passend vorgestellt werden (z. B. Bundeszentrale für gesundheitliche Aufklärung 2001).

Im nächsten Schritt werden die fünf Bereiche anhand von Leitfragen vorgestellt. Die Studierenden erhalten die Leitfragen in schriftlicher Form, z. B. als Arbeitsblatt:

Werte
Leitfragen z. B.: Woran glaube ich? Was ist mir wichtig? Wofür stehe ich ein?

Körper
Leitfragen z. B.: Wie ist mein Gesundheitszustand? Fühle ich mich wohl in meinem Körper? Wie halte mich fit?

Soziale Beziehungen
Leitfragen z. B.: Welche wichtigen Personen bilden mein soziales Netzwerk? Wer bietet mir Unterstützung? Mit wem fühle ich mich wohl?

Arbeit und Leistung
Leitfragen z. B.: Welche Fähigkeiten bringe ich für meine Arbeit mit? Erhalte ich genügend Anerkennung für meine Arbeit? Fühle ich mich momentan angemessen gefordert oder eher über-/unterfordert?

Materielle Sicherheit

Leitfragen z. B.: Welche materiellen Sicherheiten brauche ich? Wie ist meine aktuelle finanzielle Situation? Wie schätze ich meine Zukunftsperspektiven ein?

Vorgestellt werden im Folgenden zwei Varianten, mit denen sich die Arbeit am Thema methodisch gestalten lässt:

a) Aufstellung mit Knetbildern

In dieser methodischen Variante der Aufstellungsarbeit arbeiten die Studierenden in Kleingruppen (höchstens 4 Studierende pro Gruppe). Die Studierenden erhalten pro Person Knete in fünf verschiedenen Farben, z. B.:

- Werte: blau
- Körper: gelb
- Soziale Beziehungen: rot
- Arbeit und Leistung: grün
- Materielle Sicherheit: grau

In ihren Kleingruppen sitzend, erhalten die Studierenden nun die Arbeitsanweisung, für jeden der fünf Bereiche aus Knete eine geeignete Darstellungsform zu finden, z. B. sich selbst als Figur mit einer bestimmten Haltung in dem jeweiligen Lebensbereich kneten, ein Symbol für die Bereiche kneten etc. Hilfreich ist es, Beispiele aus Knete zu zeigen (evtl. auf Fotos).

Die gekneteten Objekte werden auf ein DIN-A4-Blatt gestellt. Dabei wird die Positionierung der Bereiche zueinander berücksichtigt: Entfernung voneinander, Kontakt einzelner Bereiche. Zusätzlich wird auf dem Blatt eingetragen, welches Gewicht die einzelnen Lebensbereiche haben: Wie wichtig ist mir dieser Bereich (auf einer Skala von 1-10)? Das Abfotografieren der Darstellungen sollte angeregt werden. Für den ersten Reflexionsschritt werden Leitfragen formuliert, die einzeln oder in der Gruppe beantwortet werden können:

- Was sagt mir meine Darstellung?
- Was würden folgende Personen zu meinem Knetbild sagen? Mein/e Mutter oder Vater, mein/e Opa/Oma, mein/e Mentor/in, die Schulleitung meiner Praktikumsschule, mein/e Freund/in

Im Knetbild wird im zweiten Arbeitsschritt eine Veränderung der Position „soziales Netzwerk" vorgenommen. Die Studierenden werden durch folgende Fragen angeleitet:

- Verändern Sie die Position „soziales Netzwerk" so, dass sich dies positiv auf die anderen Bereiche auswirkt.
- Beschreiben Sie die Auswirkungen und beziehen Sie diese auf Ihre konkrete Lebenssituation.
- Sammeln Sie in der Kleingruppe weitere Veränderungsvorschläge.

Abschließend besteht die Gelegenheit, die gesammelten Erfahrungen und Veränderungsmöglichkeiten auszutauschen.

b) Aufstellung mit Personen

Die hier vorgeschlagene Variante erfordert seitens der Seminarleitung Kenntnisse und Erfahrungen in der systemischen Beratung.

Zunächst ist zu entscheiden, wer in der folgenden Arbeitsphase aktiv im inneren Stuhlkreis mitarbeitet und wer Beobachterpositionen im äußeren Stuhlkreis einnimmt. Der innere Stuhlkreis beteiligt mindestens 6 und höchstens 12 Studierende, die mit der Seminarleitung arbeiten. Die Studierenden im äußeren Stuhlkreis werden um absolute Ruhe gebeten. Es wird eine Schweigepflicht mit allen Beteiligten vereinbart.

Im inneren Stuhlkreis wird der Ablauf kurz erklärt und die Methode wird erläutert. Die Studierenden stehen der Arbeitsweise meist interessiert und relativ unvoreingenommen gegenüber. Manchmal gibt es Erfahrungen mit Familienaufstellungen – hier sollte auf die Unterscheidung zum therapeutischen Setting hingewiesen werden. Es wird auch thematisiert, dass einige der auftauchenden Fragen und Themen im Setting der Veranstaltung nicht geklärt werden können. Kritischen und skeptischen Nachfragen sollte genügend Zeit eingeräumt werden. Dann wird um Fallgeber/innen gebeten und entschieden, wer seine Situation aufstellt.

Die aufstellende Person wählt aus der Gesamtgruppe für jeden der fünf Bereiche eine Person aus. Die Personen werden nun von ihr nacheinander in ein Standbild gestellt, d. h. in eine Position und Körperhaltung (ohne Mimik) gebracht, welche den Bereich in der aktuellen Lebenssituation repräsentiert. Beispielsweise kann ein Bereich gebeugt stehen oder mit ausgebreiteten Armen. Es wird ebenfalls berücksichtigt, in welcher Reihenfolge aufgestellt wird und wie die Bereiche zueinander positioniert werden. Beispielsweise kann ein Bereich sich als zentral erweisen und den deutlichen Mittelpunkt des Standbildes bilden oder ein Bereich abseits stehen.

Die Fallgeberin/der Fallgeber kommentiert das aufgestellte Standbild. Die nicht aufgestellten Personen können ebenfalls Fragen stellen (keine implizierten Bewertungen oder Interpretationen, nur Informationsfragen). Im folgenden Prozess werden möglichst viele Informationen gesammelt. Die Fallgeberin/der Fallgeber nimmt diese unkommentiert zur Kenntnis, kann aber Nachfragen stellen. Wichtig ist in dieser Phase, den Studierenden gegenüber zu betonen, dass es hier nicht um das Auffinden einer einzigen „Wahrheit" geht, sondern unterschiedliche Sichtweisen gesammelt werden, um eine mehrdimensionale Sicht auf den Themenkomplex zu erhalten. Zunächst werden die aufgestellten Personen befragt: Wie geht es Ihnen jetzt? Wie ging es Ihnen im Prozess des Aufstellens, ist Ihnen dabei etwas aufgefallen? Die Befragung wird von der Seminarleitung moderiert und strukturiert.

Nun folgt der zentrale Teil der Arbeitsphase: Die Fallgeberin/der Fallgeber erhält die Möglichkeit, einzelne Positionen im Standbild so zu verändern, dass geschwächte Positionen gestärkt werden. Wird die Aufgabe als zu schwierig erlebt, kann alternativ die aufgestellte Gruppe gebeten werden, auf das Signal eines Händeklatschens hin eine Veränderung der Position vorzunehmen, welche eine Verbesserung darstellt. Die

Veränderungen werden von den aufgestellten Personen wiederum kommentiert. Die Seminarleitung stellt ebenfalls Fragen, die der Reflexion und Klärung dienen. Besonderes Augenmerk gilt auch hier den sozialen Ressourcen, aufgestellt durch die Position „soziales Netzwerk".

Die aufgestellten Personen werden abschließend offiziell aus ihren Positionen entlassen und haben nun die Möglichkeit, sich außerhalb der Aufstellung zu ihrer Befindlichkeit zu äußern. Abschließend fasst die Fallgeberin/der Fallgeber die Arbeitsergebnisse zusammen und bedankt sich bei den Personen, die mitgearbeitet haben. Alle haben die Möglichkeit, sich im „sharing" zur Fallarbeit zu äußern.

Soziale Ressourcen für Gesundheit und Wohlbefinden – aktuell und zukünftig ein zentraler Bereich der Aus- und Fortbildung von Lehrkräften

Wie aus der Forschung zur Lehrer/innen/gesundheit bekannt ist, steigt und fällt die erlebte Belastung mit dem zur Verfügung stehenden sozialen Netzwerk. Ein soziales Netzwerk ist dabei einerseits außerhalb der Schule wichtig, also im Sinne einer grundsätzlichen Aussprachemöglichkeit mit einem nahestehenden Menschen. In der schulbezogenen Forschung und Praxis sind in den letzten Jahren jedoch insbesondere die Möglichkeiten sozialer Netzwerkarbeit innerhalb der Schulen stärker berücksichtigt worden – denn das soziale Klima an der Schule steht in einem engen Zusammenhang mit der Gesundheit der dort tätigen Lehrkräfte. Insbesondere wenn Lehrkräfte sich durch äußere Anforderungen belastet fühlen, bietet die soziale Unterstützung im Kollegium eine wichtige Ressource, die in schulinternen Fortbildungen zunehmend berücksichtigt wird (Erbring 2012).

Der Zusammenhang zwischen sozialer Unterstützung im Kollegium und Gesundheit ist vielen Studierenden und vielen Lehrkräften nicht bekannt. Deshalb wird die Ressource, welche ein soziales Netzwerk für Lehrer/innen/gesundheit bietet, häufig nicht ausgeschöpft. Eher im Gegenteil wird häufig versucht, an dieser Stelle Energie einzusparen und damit werden Gesundheit und Wohlbefinden zusätzlich beeinträchtigt. Erfahrungsgemäß vernachlässigen Studierende insbesondere in Belastungssituationen die soziale Ressource aus Zeitgründen oder aufgrund des Fehlens eines geeigneten Netzwerkes. Die Arbeitseinheit wird deshalb dazu genutzt, die sozialen Ressourcen während des Praktikums als Entlastungsmöglichkeiten nutzbar zu machen. Die Studierenden wählen dabei unterschiedliche Ansatzpunkte: Ausbau der Kontakte mit anderen Studierenden aus dem Seminar, Knüpfen von sozialen Kontakten an der Praktikumsschule, Möglichkeiten der Freizeitgestaltung (Work-Life-Balance).

Einschränkend muss festgestellt werden, dass die Fokussierung der Reflexionsangebote auf das soziale Netzwerk nicht auf jede Problemlage der Studierenden passt. Im Setting b) besteht diesbezüglich ein größerer Spielraum als bei a), sich auf die Erschließung weiterer Ressourcen zu konzentrieren.

Paul Köppler & Dirk Rohr

Achtsamkeitstraining als Reflexionsmethode

1. Einleitung

In diesem Band wurde schon in vielen Beiträgen auf die Bedeutung der Reflexion hingewiesen. Voraussetzung hierfür ist aus unserer Sicht ein aufmerksames Wahrnehmen: von anderen Personen (z.B. Schüler/innen, Kolleg/innen, Eltern) und wiederum als Voraussetzung hiervon: von sich selbst.

Für diese Fokussierung können Grundlagen und Methoden von Achtsamkeitstrainings eine besonders hilfreiche Basis sein.

Achtsamkeitstraining verstehen wir aus zwei unterschiedlichen Perspektiven:

Von seiner Ausbildung und Tätigkeit vorwiegend aus der buddhistischen Übungs- und Meditationskultur kommend, sieht Paul Köppler in der Achtsamkeit eine Methodenvielfalt, die aufgrund ihres analytischen Ansatzes keine ideologischen und transzendenten Färbungen benötigt.

Von seiner Ausbildung und Tätigkeit vorwiegend aus der Humanistischen Psychologie/Gestalttherapie kommend sieht Dirk Rohr Achtsamkeit als eine Bewusstheit, die aufgrund ihrer grundlegenden Bedeutung die Fähigkeit hat, sich von dem engen Bezugsrahmen der Therapie und Beratung frei zu machen.

Bevor wir auf die beiden Perspektiven – und damit auf die Unterschiede – eingehen, möchten wir betonen, dass sich in der konkreten Arbeit sowohl für die eigene Reflexion als auch für die zu vermittelnde Anwendung ein großes Spektrum von Übereinstimmungen zeigte; dies werden wir dann anhand der Methoden darlegen.

Die Perspektiven im Einzelnen:

Perspektive aus der buddhistischen Übungs- und Meditationskultur

Vorbild für diese Perspektive ist neben den klassischen Methoden der buddhistischen Meditation (Einsichtsmeditation, Vipassana und Zen) die von J. Kabat Zinn eingeführte Methode des MBSR (mindfulness based stress reduction) und die daraus entwickelten Ansätze ähnlicher Arbeit auf dem Feld der Psychologie und Psychotherapie (mindfulness based cognitive therapie, MBCT).

Es ist hier nicht der Raum um Qualitäten, Merkmale und Wirkung der Achtsamkeit zu beschreiben. Für die Studierenden hat Paul Köppler eine kurze Zusammenfassung unter dem Titel „Was ist Achtsamkeit" erstellt.[1]

Hier nur einige Besonderheiten, die für die konkrete Arbeit von größter Bedeutung sind:

Achtsamkeit ist Zuwendung zu den gerade vorhandenen Gegebenheiten, ein Gewahrsein des gegenwärtigen Augenblicks. Sie ist immer mit konkreter Erfahrung verbunden, wobei sie sowohl in der Distanz des reinen Beobachtens wirksam wird, als auch in der unmittelbaren Verbindung mit dem Geschehen. Sie ist immer mit Interesse und Anteilnahme verbunden und ermöglicht Einsicht, Verstehen und Änderung.

Am Wichtigsten für die psychologische und erzieherische Arbeit ist die besondere Qualität der Achtsamkeit auf akzeptierende Weise zu beobachten und so die normalerweise vorhandene Verknüpfung von Wahrnehmung und Bewertung aufzulösen. Wir lernen, sowohl nach innen auf uns selbst wie nach außen gerichtet, zu beobachten, ohne sofort einzugreifen oder zu verändern. Mit anderen Worten: Achtsamkeit ist im Idealfall nicht urteilend, sondern versucht sich aus dem Muster von Zustimmung oder Ablehnung zu lösen.

„Ihre Tugend ist es, dass sie uns erlaubt, die Dinge so zu sehen, wie sie im gegenwärtigen Moment tatsächlich sind, und sie so sein zu lassen." (Williams et al. 2009). … und einfach für alle Phänomene und ihren ständigen Wechsel da zu sein. Durch das „Gewahrsein" dessen, was gerade erscheint, erweitern wir unsere Perspektive, erkennen Vorurteile, ermöglichen kritische Reflexion und bewirken positive Veränderung (Klarheit, Gelassenheit u. a.) und Transformation.

Perspektive aus der Humanistischen Psychologie, der Gestalttherapie

Innerhalb der Therapie und Beratungslandschaft unterscheiden wir in Psychoanalyse, Verhaltenstherapie, Humanistische Psychologie und Systemische Therapie/Beratung. Die Gestalttherapie wird der Humanistischen Psychologie zugeordnet.

„Gestalt ist keine Technik, kein therapeutisches Schnellverfahren, sondern ein ernster Weg, sich selbst zu finden und zu wachsen. Wachstum aber ist ein Prozess, der Zeit braucht." (Perls 2000)

Es gibt folgenden Prinzipien der Gestalttherapie, die wir im Folgenden in Bezug zum Achtsamkeitstraining setzen:

---

1   Was ist Achsamkeit. Arbeitspapier. Siehe unter www.waxmann.com/buch2779.

„Awareness"

„Awareness" ist „eine flatterhafte Zwillingsschwester der Aufmerksamkeit" (Perls 1976, 29) bzw. „Selbst-Bewusstheit" – ganz im Sinne eines Achtsamkeitstrainings: „Es handelt sich hierbei um eine entspannte Form der Aufmerksamkeit, in der der lebendige Organismus in Kontakt ist mit sich und der Umwelt" (Quitmann 1991, 110). Ein Achtsamkeitstraining ist „awareness" und erhöht sie zugleich. Die Beziehung zu sich selbst wird bewusster, in der Sprache der Gestalttherapie: Wir „setzen die Figur, die Vordergrund-Erfahrung in Beziehung zum Hintergrund, zum Inhalt, zur Perspektive, zur Situation, und diese zusammen bilden die Gestalt. Sinn ist die Beziehung der Vordergrund-Figur zu ihrem Hintergrund" (ebd.).

In Worten der Gestalttherapie gibt es eine „internal" sowie eine „external awareness" (eine nach innen und eine nach außen gerichtet Bewusstheit bzw. Achtsamkeit).

Fokus soll hier die „internal awareness" sein; auch über die Humanistische Psychologie hinaus wird das „Einbringen des eigenen Erlebens des Beraters" als effektive Intervention bzw. Interaktion angesehen (vgl. auch Mücke 2003). Achtsamkeitstraining heißt: das eigene Erleben ergründen.

Im Hier-und-Jetzt-Sein

Achtsamkeitstraining bezieht sich immer auf die aktuelle Situation, die Achtsamkeit auf das aktuelle Erleben, das Hier-und-Jetzt. Es geht immer um die Gedanken und Gefühle, die sich in genau diesem jeweiligen Moment zu Wort melden. Sie können in der Vergangenheit verhaftet oder an der Zukunft orientiert sein, Achtsamkeitstraining an sich bezieht sich auf das Hier-und-Jetzt. Es ist für den Menschen oft einfacher, sich gedanklich oder gefühlsmäßig in der Zukunft oder der Vergangenheit aufzuhalten, als gegenwärtig zu sein, im Hier-und-Jetzt zu leben (vgl. Rank 1929). „Für viele Menschen beginnt deshalb das „eigentliche" Leben irgendwann in der Zukunft, nach dem Examen, nach der Heirat, nach der Pensionierung usw." (Quitmann 1991, 108). In der Gestalttherapie meint dieses Prinzip, dass sich alle Themen, die Klient/inn/en „mitbringen", sich im Hier-und-Jetzt zeigen. Sie wahrzunehmen bedarf einer großen Achtsamkeit.

Konfrontation mit sich selbst

Ein Achtsamkeitstraining ist immer und explizit eine Konfrontation mit sich selbst. Ebenso wie in der Gestalttherapie ist hierbei nicht das Ziel, Probleme zu lösen.

Ziel ist, sie „gegenwärtig zu machen, damit sie sich aus neuen Stoffen in der Umwelt speisen und zu einer Krise getrieben werden können" (Perls/Hefferline/Goodmann 1979, 144). Der Hauptgedanke der „Paradoxen Theorie der Veränderung" von Perls ist, dass erst „die Anerkennung der Person, die man wirklich ist" (Quitmann 1991, 111), also die Nicht-Veränderung (aber Bewusstmachung und Konfrontation), eine Veränderung – und zwar durch Experimentieren – ermöglicht.

Denn dieselbe „Angst, die den Menschen normalerweise am Wachstum hindert, wird in dem Moment zur Chance, wo der Organismus beim Aufkommen von Angst den Kontakt zu dieser Angst nicht unterbricht, sondern bewusst aufnimmt" (ebd., 111).

Umsetzung des Achtsamkeitstrainings

In der praktischen Seminararbeit waren zwei Felder der Umsetzung von Bedeutung:
1. Der Einsatz von spezifischen Methoden und Übungen zur Schulung von Achtsamkeit. Es ging dabei vor allem darum Fähigkeiten zu schulen, die zu einer besseren Wahrnehmung von geistigen und körperlichen Vorgängen führen, die sensibler machen, einfühlsamer und bewusster.
2. Indirekte Methoden: Die Anwendung und Integration von Achtsamkeit ohne ihre ausdrückliche Thematisierung (sozusagen unbemerkt) in die verschiedenen vorgegebenen Inhalte der Vermittlung und in die vom Praktikumszentrum angeregten psychologischen Methoden.

Spezifische Methoden

Aufgrund der Rahmenbedingungen eines Universitätsseminars wurden die Achtsamkeitstrainings generell als gezielte Übungseinheiten von 3 bis 10 Minuten durchgeführt, allerdings mit längeren Phasen der persönlichen Auswertung oder im Rahmen von Feedbackvarianten.

Dabei wurde darauf geachtet möglichst in jeder Sitzung eine bis zwei solche kleine Einheiten verschiedener Art zu implementieren. Ein Vorteil dieser Arbeit zeigte sich darin, dass die Übung der Achtsamkeit praktisch nichts ausschließt und daher auf unterschiedlichste Weise den Geist beschäftigt. Daher wurde den Übungen meist großes Interesse und Neugier entgegengebracht.

Folgende Methoden sind hier zu nennen – ausführliche Beschreibungen finden Sie unter www.waxmann.com/buch2779:

- Wahrnehmungsübungen für alle Sinne: Wo bin ich, was sehe ich?
- Wahrnehmungsübung für das Innenleben: Wie fühle ich mich, wie benenne ich meine Stimmung?
- Kurze Vorträge mit Inputs zu Besonderheiten der Achtsamkeit
- Still sitzen und Körper sowie Atem wahrnehmen und zulassen
- Bewusste einfache Bewegungen mit Anleitung zum Spüren der körperlichen Gefühle
- Kurze Entspannungstechniken
- Achtsame Kommunikation und Austausch in Partnerarbeit und Feedback, mit Schwerpunkt auf authentischen Ausdruck (Mut) und Zuhören lernen
- Achtsamkeit im reflektiven Prozess und Selbsterkenntnis
- Bewusstes Gehen, Schritt für Schritt

- Während einer Tätigkeit innehalten, beobachten und aufatmen (Stopp- bzw. Freeze-Übung)
- In der Stille visualisieren, Bilder für Gefühle erleben
- Achtsames Essen (Rosinenübung)
- Bestimmte Aufgaben lösen, (z.B. „Neun Punkte verbinden"), die ein anderes Denken erfordern
- Reines Beobachten ohne bewerten (nur sehen, hören …)

Beispiel 1: Einfache Wahrnehmungsübung

Außen: Die Student/inn/en werden aufgefordert, sich im Raum umzusehen und geistig zu notieren, was sie entdecken können, was sie vorher nicht gesehen haben. In einem zweiten Schritt sollen sie erforschen, mit welchen Bewertungen (z.B. schmutzige Tische, ungemütlich …) die Sinneswahrnehmung (Sehen …) verbunden ist. In einem dritten Schritt kann man im Feedback untersuchen, welche anderen Sichtweisen es gibt und welche Veränderungen (z.B. andere Sitzordnung) möglich sind.

Innen: Die Student/inn/en werden aufgefordert, nun die Augen zu schließen und Gefühle bzw. Stimmungen wahrzunehmen, die durch die Beobachtung ausgelöst wurden. Zunächst gilt es zu ergründen, ob es körperliche Reaktionen gibt und dann, welche gefühlsmäßigen folgen. Im Feedback werden diese reflektiert und im weiteren Verlauf und späteren Phasen Möglichkeiten erarbeitet, Stimmungen bewusst zu verändern.

Beispiel 2: Rosinenübung

Es werden Rosinen oder Nüsse verteilt. Eine präzise Anleitung lädt ein schrittweise diese „Nahrung" mit allen Sinnen zu betrachten, riechen, fühlen; dann in den Mund zu nehmen, zu fühlen, kauen, schlucken. All das langsam und sehr bewusst. Diese Übung ermöglicht Sensibilität gegenüber normalerweise unbewusst stattfindenden Vorgängen. Gewöhnliche Abläufe bekommen eine neue Bedeutung und Interpretation. Im Feedback werden die unterschiedlichen Erfahrungen ausgetauscht und vor allem Fragen und Hindernisse (Wozu ist das gut, ich spüre wenig, Verlangen oder Abwehr kam auf …) zu beantworten und Möglichkeiten zu öffnen, wie man darüber Wesentliches über sich selbst lernen kann.

Indirekte Methoden

Beginnen wollen wir mit einem Beispiel, das sowohl der spezifischen als auch der indirekten Methode zuzuordnen ist:

3. Beispiel: Die Freeze-Übung

Wann immer der/die Dozent/in in einer Seminarsituation eine spannende Geste, Körperhaltung etc. wahrnimmt, ruft sie oder er: „Freeze", den Studierenden wurde vorher gesagt, dass sie dann bitte in ihrer Haltung verharren, einfrieren.

Zuerst bittet der/die Dozent/in alle Studierenden sich mit ihrer Aufmerksamkeit nach innen zu richten und wahrzunehmen, wie sie sitzen, wie ihre Körperhaltung ist, wie sie sich fühlen (müde, hungrig, gelangweilt, interessiert etc.), sich ihres Erlebens bewusst zu werden und sich selbst zu fragen: Ist dies angenehm oder nicht so angenehm?

In einem zweiten Schritt bittet der/die Dozent/in die Studierenden ihre Aufmerksamkeit auf die Gruppe zu lenken: Wahrzunehmen, wie die anderen sitzen, wie ihre Körperhaltung ist etc.

Eine spannende Erweiterung dieser Übung ist die „Übertreibung"; d. h. die Studierenden einzuladen, ihre Körperhaltung zu überzeichnen: Sich z. B. noch aufrechter hinzusetzen, im Stuhl zu versinken, die Beine noch mehr zu verwringen, noch gebückter zu sitzen etc.

… und auch dann – natürlich – wahrzunehmen, was dies im eigenen Erleben auslöst.

Die Achtsamkeitsübungen in Verbindung mit den verschiedenen psychologischen und pädagogischen Mitteln ergaben wirkungsvolle Lernfelder, um vor allem folgende angestrebte Kompetenzen bewusst zu machen und zu fördern:
- Förderung von Selbsterkenntnis. Biografische (oft unbewusste) Prägungen zu erfahren, eigene Stärken und Schwächen zu reflektieren.
- Wege zu lernen, um Stress und Druck zu vermeiden bzw. bei Auftreten (Erfahrungen im Praktikum) heilsam (Salutogenese) damit umzugehen.
- Eigene und berufliche (vor allem unlösbare) Antinomien erkennen und mit Achtsamkeit lernen, sie als positive Herausforderung zu akzeptieren.
- Die hohen Werte der erzieherischen Aufgaben in Bezug auf Menschlichkeit, Liebe für Kinder, Verantwortung, gesellschaftliche Bedeutung realistisch sehen, das heißt nicht als Maßstab für eine nicht zu erfüllende Perfektion, sondern als eine Richtungsweisung, die aus engen Verstrickungen alltägliche Probleme lösen kann.
- Eigenes forschendes Lernen und Anregung für eigene Unterrichtserfahrung, besonders in Hinblick auf die Notwendigkeit, Fehler machen zu dürfen.
- Bewusst werden der eigenen Ziele und ihrer Veränderungen.
- Erkenntnisse über die prägende Kraft der eigenen Einstellungen und Ansichten und die Fähigkeit zu schulen, flexibel zu bleiben und notwendige Veränderungen wahrzunehmen oder selbst einzuleiten.
- Auftrittsübungen mit reduzierter Bewertung (nur wahrnehmen) hilfreiche Kommentare finden.
- Vorbereitung auf die Aufgaben und Rollen im Praktikum, besonders die Funktionen des Beobachtens.
- Einstieg in die Nachbereitung des Praktikums durch achtsames Erspüren der Befindlichkeit in Form von visuellen Bildern.

- Achtsame Besinnung auf eigene Stärken, Schwächen, Erfolge und zu entwickelnde Seiten.

An dieser Stelle ein viertes Beispiel: „Reflexion von Achtsamkeit"

Eine Studentin analysiert im Seminar nach der Marte-Meo-Methode[2] eine Unterrichts-Videosequenz mit dem Fokus „Leitung geben" und „zur Selbstständigkeit erziehen".

Ich bitte die anderen Studierenden besonders achtsam zu sein, inwiefern die Kommilitonin selbst – im Hier-und-Jetzt – Leitung gibt und die Gruppe zur Selbstständigkeit „erzieht". Im Anschluss fordere ich jeden einzelnen der Gruppe auf, zwei bis vier Sätze aufzuschreiben, welche konkrete Rückmeldung sie der Praktikantin im Video geben würden („Wo lag eure Achtsamkeit während des Videos?" sowie achtsame Besinnung auf Stärken – vgl. letzter Spiegelstrich). Nun lenke ich die Aufmerksamkeit bzw. Achtsamkeit auf eben diese Ebene: Inwiefern habe ich durch diese konkrete Aufgabe „geleitet" und „zur Selbstständigkeit erzogen" – oder eben nicht! Das heißt, die diesen Themen innewohnende Ambivalenz wird nicht „außer Acht gelassen"; sie wird reflektiert.

Besonders gut ließen sich achtsamkeitsbasierte Qualitäten mit den folgenden je nach Phase im Zeitplan intensiv eingesetzten psychologischen Methoden verbinden:
- Biografische Schlüsselsituationen (Darstellung und Reflexion mit Bauklötzen)
- Achtsame Kommunikation
- Reflecting Team[3]
- Selbsteinschätzungsverfahren
- Feedback in verschiedenen Formen (Gruppe, Tandem, Interaktion u. a.)
- Reflexion über Antinomien
- Auftrittsübungen, Auftrittskompetenz
- Kollegiale Fallberatung

Weitere Übungen finden Sie unter www.waxmann.com/buch2779.

Resümee

Die hier (in aller Kürze) beschriebenen Erfahrungen mit der Methode der Achtsamkeit im Rahmen der Praxisphasenbegleitung geben uns Grund zu folgenden Annahmen:

---

2   Siehe auch Beitrag Meiners/Hawellek in diesem Band.
3   Siehe auch Beitrag Schindler/Rohr/Kricke in diesem Band.

Studierende gelangen zu
- einer realistischen Selbsteinschätzung über Stärken, Schwächen und was noch zu entwickeln ist,
- Selbsterkenntnis im Bewusstsein auf prägende Elemente der eigenen Schulgeschichte und daraus folgender Einstellungen und Strategien,
- einer Begeisterung über diesen Beruf im realistischen Bewusstsein über die speziellen Herausforderungen, die einerseits durch die intensive Arbeit mit den Antinomien ins Bewusstsein rückten, und anderseits durch die lebendigen Erfahrungen im Praktikum bestärkt wurden,
- einem Bewusstsein für die gesellschaftliche und kulturelle Bedeutung von Erziehung, insbesondere das Erkennen von der Bedeutung von Werten wie Liebe, Mitgefühl und Menschlichkeit als gesunde Basis für Freude an der Arbeit (im Vordergrund steht der Mensch und nicht allein der Lehrplan),
- Fähigkeiten sich selbst zu schützen, Stress zu vermeiden, mit emotional belastenden Situationen besser umzugehen (Gelassenheit) und durch einfach Mittel der Achtsamkeit immer wieder Kraft zu schöpfen,
- erste Ansätze von Techniken der Achtsamkeit und Meditation, die dann auch im Beruf mit den Schüler/inne/n eingesetzt werden können,
- Perspektivenwechsel vom Standpunkt des Schülers/der Schülerin zur Sichtweise des Lehrers/der Lehrerin,
- Erwerb von psychosozialen Kompetenzen/Handlungskompetenzen,
- Empowerment.

Inwiefern sich diese Hypothesen zur Wirkung von Achtsamkeitstraining in den Praxisphasen weiterentwickeln lassen, eröffnet spannende Fragen z. B. für weitergehende Forschung in diesem Bereich.

Das im Kölner Modell konzipierte Pilotprojekt der Begleitung im Orientierungspraktikum lässt sich aus unser Sicht hervorragend mit den Methoden und Mitteln des Achtsamkeitstrainings verwirklichen. Die Studierenden zeigten ein hohes Niveau der angestrebten Selbstreflexion und Selbsteinschätzung im Sinn eines professions- und systemorientierten Berufsbildes.

Die erlernten Übungen und gewonnene Flexibilität der persönlichen Perspektiven führten bei vielen Studierenden zur Überzeugung, dass die Mittel der Achtsamkeit im späteren Berufsalltag Möglichkeiten bieten, den drohenden Folgen unreflektierter emotionaler Situationen wie Überforderung, Verdrängung oder Burn-out rechtzeitig vorzubeugen.

Kathrin Meiners & Christian Hawellek

Von den eigenen Stärken lernen: Marte Meo in der Praktikumsbegleitung

Marte Meo ist eine aktuelle und in pädagogischen wie therapeutischen Diskursen inzwischen bekannte Form, die eigene Praxis aus begleiteten Selbstbeobachtungsprozessen heraus gezielt (um)zu gestalten.

In diesem Beitrag werden zunächst die Charakteristika der Methode Marte Meo erläutert, um dann auf die konkrete Umsetzung des Einsatzes von Marte Meo in der Lehrer/innen/ausbildung der Universität zu Köln einzugehen.

Maria Aarts, die Begründerin der Methode, hat diese mit dem Neologismus „Marte Meo" charakterisiert und damit den methodischen Kern ihres Vorgehens bezeichnet: Es geht darum, die eigene Kraft gezielt für Lern-, Entwicklungs- und Veränderungsprozesse zu nutzen und am eigenen Modell zu lernen. Aarts hatte ihre Methode in Jugendhilfekontexten entwickelt, um Eltern dabei zu unterstützen, Kinder mit besonderen Entwicklungsbedürfnissen, z.B. autistische Kinder, zu erziehen. Zu diesem Zweck nahm sie pädagogische Alltagssituationen per Video auf, um die Eltern mit konkreten Bildern aus ihrem eigenen Erziehungs- und Beziehungsalltag gezielt zu informieren. Mit dem Bildern konnte sie Informationen vermitteln über:

- Den Entwicklungsstand und den Unterstützungsbedarf der Kinder in der konkreten Situation,
- Unterstützende und förderliche Verhaltensweisen der Eltern.

Auf dieser Basis wurde es möglich, praktikable und konkrete Hinweise für eine positive (Um-)Gestaltung der Beziehung zu geben (vgl. Aarts 2011).

Derartige Hinweise werden beim gemeinsamen Betrachten der Videoclips in sogenannten Reviewsitzungen gegeben. Je nach institutionellem Rahmen werden Reviews in Beratungen, Therapie-, Coaching-, Supervisions- oder Lehrsituationen dazu genutzt, Hinweise für eine förderliche Weiterentwicklung der beobachteten Situationen zu geben. Die Vermittlung der Informationen beim Review geschieht durch die Präsentation ausgewählter Momente.

Die Momente, die in den Reviews präsentiert werden, werden zuvor mit Hilfe von Videointeraktionsanalysen unter der Leitperspektive entwicklungsunterstützender Kommunikation ausgewählt (vgl. Hawellek 2012).

Bei der Marte-Meo-Methode werden diejenigen, die die Methode nutzen, zu Beobachter/inne/n und Selbstbeobachter/inne/n von Alltagsereignissen. Auf diese Weise werden die beobachteten Situationen zu den Lernfeldern, aus denen neue konkrete Handlungs- und Verhaltensoptionen zur (Mit-)Gestaltung künftiger ähnlicher Situationen erarbeitet werden.

In pädagogischen Situationen ermöglicht die Methode durch die Videoaufzeichnungen, -analysen und -präsentationen, pädagogisches Geschehen nicht nur „rekonstruktiv" zu reflektieren, sondern erneut – unter Nutzung verschiedener Perspektiven – gemeinsam zu beobachten. Derjenige/diejenige, der/die sich selber sieht, lernt aus dem Perspektivwechsel vom Teilnehmer/von der Teilnehmerin an einer (vergangenen) Situation zum Beobachter/zur Beobachterin der nunmehr vergegenwärtigten Situation (vgl. Hawellek 1995, 1997).

Die Beobachtung erschließt dabei schon deshalb neue Gesichtspunkte, weil es als mitgestaltende/r Teilnehmer/in einer Situation nicht möglich ist, diese oder gar sich selber „von außen" zugleich auch zu beobachten. Wenn ein Geschehen aus der bloßen Erinnerung rekonstruiert und berichtet wird, unterliegt es schnell verschiedenen interpretativen Verzerrungen (vgl. Hawellek 2012).

Vor diesem Hintergrund lässt sich die *Marte-Meo-Methode als ein beobachtungsgeleitetes, videobasiertes Verfahren charakterisieren.*

Inhaltlich basiert die Methode auf *konkreten, szenischen Informationen über natürliche entwicklungsunterstützende Kommunikation* (vgl. Øvreheide/Hafstadt 1996). Diese Informationen werden den (Selbst-)Beobachter/inne/n in den Reviewsitzungen als Bildinformationen präsentiert. Auf diese Weise wird es ermöglicht, am eigenen Modell zu lernen. Die Grundformen (entwicklungs-)unterstützender Kommunikation[1] sind nach neueren Forschungsbefunden als „intuitive Programme" ausgewiesen, die ein „implizites Beziehungswissen" ermöglichen (vgl. Papoušek 2001). Aus diesem Grund lassen sich bei einer Beobachtung des pädagogischen Alltagsgeschehens häufig Momente entwicklungsunterstützender Kommunikation ausmachen. Meist jedoch sind diese den Eltern oder Pädagog/inn/en nicht bewusst, weil sie intuitiv ablaufen und weil ihr förderlicher Bedeutungsgehalt häufig auch nicht hervorgehoben wird.

Die Bedeutung von Momenten unterstützender Kommunikation wird in den Reviewsitzungen herausgearbeitet. Derjenige/diejenige, der/die ein Review führt, zeigt anhand von Bildern *was* förderlich wirkt, *wann* eine solche Handlungsweise zum Tragen kommt und *warum* es sich um Momente (entwicklungs-)unterstützender Kommunikation handelt (vgl. Aarts 2011).

Aarts betont immer wieder, dass es sich bei dem Bildmaterial, was genutzt wird, um normale Abläufe aus dem eigenen (pädagogischen) Alltag handeln sollte. Sie weist darauf hin, dass Marte Meo eine Methode ist, die an der Lebenswelt und den alltäglichen Erfahrungen der Klient/inn/en anschließt. Diese sollten sich keinen „besonderen" therapeutischen oder auch pädagogischen Prozeduren aussetzen müssen, sondern sich möglichst authentisch in dem Bildmaterial wiederfinden können.

Die Marte-Meo-Methode bedient sich positiver Bilder und Hinweise, weil diese besonders geeignet sind, *die eigenen Kräfte der (Selbst)-Beobachter/innen zu aktivieren.* Die positiven Momente und die positive Art der Präsentation können die Funktion von „Mutmacherbildern" (Aarts, pers. Mitteilung) übernehmen und Klient/inn/

---

1 Den intuitiven elterlichen Fähigkeiten, Entwicklungsprozesse von Kindern zu unterstützen, entsprechen die Fähigkeiten zu unterstützender Kommunikation bei Menschen mit Einschränkungen und Behinderungen wie z. B. Menschen mit geistiger Behinderung oder Altersdemenz.

en ermutigen, entwicklungsunterstützende Kommunikationsformen gezielt zu nutzen. Dadurch, dass es zur Methode gehört, die Effekte der veränderten Kommunikation im Review zu sehen und miteinander sozusagen zu evaluieren, sprechen die Bilder „für sich" und die dann sichtbaren Effekte und Erfolge wirken als Bestätigung.

Zusammenfassend kann festgehalten werden, dass die Marte-Meo-Methode durch vier Leitgedanken charakterisiert werden kann (vgl. Hawellek/v. Schlippe 2005; Hawellek 2012):

- Beobachtungen und Bildpräsentationen als methodische Grundlagen,
- Informationen über entwicklungsunterstützende Kommunikation als inhaltliche Grundlage,
- das (pädagogische) Alltagsgeschehen als zentraler Focus,
- die Aktivierung der eigenen Kräfte und Nutzung der eigenen Möglichkeiten als Ziel.

Der Darstellung von Möglichkeiten, die die Marte-Meo-Methode bietet, soll nun eine Beschreibung des Einsatzes der Methode in der Lehrer/innen/ausbildung folgen.

Praxis der Lehrer/innen/ausbildung an der Universität zu Köln

Marte Meo wird in verschiedenen Kontexten der Praxisbegleitung der Lehramtsausbildung eingesetzt:

1. in erfahrungsbezogenen Veranstaltungen der ästhetischen Erziehung und Psychomotorik in Grundschul- und Sonderpädagogik,
2. im fachrichtungsübergreifenden Schwerpunkt Lehramt Sonderpädagogik gemeinsam mit dem Angebot für den MA Bildung und Förderung in der Frühen Kindheit und
3. in der Begleitung des Orientierungspraktikums aller Lehrämter.

Zu 1: Im Lernbereich ästhetische Erziehung für das Grundschul- und Sonderpädagogische Lehramt sowie in fachrichtungsübergreifenden Angeboten pädagogischtherapeutischer Konzepte der Sonderpädagogik werden grundlegende Kenntnisse psychomotorischer Arbeit in den Bereichen der Körper-, Material- und Sozialerfahrung vermittelt. Diese Veranstaltungen sind praxis- und erfahrungsbezogen: Studierende leiten sich entweder untereinander oder Kindergruppen zu psychomotorischen Themen an. Die Student/inn/en machen also einerseits Wahrnehmungs- und Bewegungserfahrungen, die sie biografisch und hinsichtlich von Bildungs- und Förderperspektiven reflektieren. Es macht einen Unterschied, ob ich selbst erfahren habe, wie es sich anfühlt, auf einer riesigen Schaukel bewegt zu werden oder mich in die Arme meiner Gruppe vertrauensvoll fallen zu lassen. Hier lassen sich Videos sehr gewinnbringend einsetzen, da die Student/inn/en ihre eigenen Erfahrungen und Wahrnehmungen in den Bildern gespiegelt bekommen und damit diese Erfahrung nochmals vertiefter überdenken können. Beispielsweise scheinen Aufgaben zunächst leichter, als sie in der Durchführung dann doch zu bewältigen sind (über einen Weichboden mit geschlossen Augen balancieren), so dass die Student/inn/en sich auch mehr damit auseinandersetzen, welche Erfahrungen, Möglichkeiten, Ängste Kinder in solchen Situationen machen könnten. Sinneswahrnehmungen werden so zu ästhetischen, wenn eine spezielle Aufmerksamkeit, eine Irritation, ein veränderter Blickwinkel erzeugt wird. So werden eingeschliffene Wahrnehmungsmuster unterbrochen und es können Erfahrungen ermöglicht werden, die auch Einstellungsänderungen hervorrufen können. Von den Studierenden wurde geschildert, dass sie nach der Marte-Meo-Arbeit mit einer erweiterten Aufmerksamkeit eigenen Wahrnehmungen und auch denen der Interaktionspartner/innen begegnen, dass sich ihre Wahrnehmung differenziert hätte: Viele Studierende äußern, dass sie differenzierter beobachten, in Teilen auch erst einmal mehr beobachten, bevor sie handeln. Anhand der Videoarbeiten von Marte Meo wird deutlich gemacht, welche (Entwicklungs-) Möglichkeiten in solchen Bewegungs- und Wahrnehmungserfahrungen liegen und was solche Erfahrungen für die kindliche Entwicklung bedeuten können.

Im Rahmen der Marte-Meo-Reviews wurde hier beispielsweise immer wieder thematisiert, welche Bedeutung das Herausheben von einzelnen Initiativen von Kindern – respektive Studierenden – haben kann: Indem die Gruppenleitung benennt, welche Initiativen sie beobachtet (Marte Meo nennt dieses auch „Hochheben einer kindlichen Initiative"), können spielende Protagonist/inn/en diese Erfahrung machen:
- Ich werde mit meinem Handeln wahrgenommen: Es ist wertvoll und sinnvoll, was ich gerade tue.
- Mein Handeln wird explizit gemacht: Es wird mir bewusst gemacht, was ich gerade tue, so dass dies ein Anlass sein kann, erneut über meine Erfahrung nachzudenken. Es kann auch ein Anlass sein, mich der Tätigkeit überhaupt weiter hinzugeben.
- Ich kann zur benannten Initiative eine Position beziehen: Das Benennen bietet die Möglichkeit zur Verständigung: Habe ich wirklich so wahrgenommen und gefühlt, wie der/die Beobachter/in gerade benennt?

Diese Erfahrungen werden im Review verknüpft mit der Bedeutung entwicklungsunterstützenden Kommunikationsverhaltens für die kindliche Entwicklung: Bezogen auf das Beispiel des Benennens können Spielende sich ihrer Selbstwirksamkeit gewahr werden, sie können bestätigt und weiter motiviert werden, sie können in einen Verständigungsprozess treten.
    Neben der Eigenerfahrung erhalten Studierende aber auch methodisch-didaktische Kenntnisse psychomotorischer Entwicklungsförderung. Hier greift Marte Meo auf der Ebene der Reflexion der eigenen Gruppenanleitung: Was muss ich beachten, um eine Gruppe gut anleiten zu können? Es geht um die Anwendung entwicklungsförderlicher Kommunikation im eigenen Praxisfeld des zukünftigen Lehrer/innen/ berufes mit dem Fokus der „positiven Gruppenanleitung" – wie Marte Meo es nennt: Dazu gehören beispielsweise das Leiten und Struktur geben, eine emotionale Beziehung und Atmosphäre schaffen, einen zentralen Fokus erzeugen und diesen aufrecht

erhalten (vgl. Aarts 2007, 13ff.). Methodisch-didaktische Prämissen der psychomotorischen Arbeit stimmen von ihren Grundannahmen der Selbsttätigkeit des aktiven Kindes und der Rolle des/der Pädagogen/Pädagogin als ein Begleiter in wesentlichen Annahmen mit der Rolle des/der erwachsenen Begleiters/Begleiterin in der entwicklungsunterstützenden Kommunikation von Marte Meo überein (vgl. Meiners 2012, 95ff.). Durch die videobasierte Reflexion nach Marte Meo kann eine solche entwicklungsunterstützende Kommunikation und Gruppenleitung, die Kindern ein großes Maß an Selbsttätigkeit ermöglicht, konkretisiert werden. Wie kann ich kindliche Initiativen so unterstützen, dass auch unsichere Kinder sich etwas zutrauen; wie gebe ich im Vorhinein Leitungsimpulse, so dass gemeinsame Arbeit gelingt und auch störende Impulse von Kindern eingefangen werden können?

In vielen Reviews wurde hier der Umgang mit Lob thematisiert: Eine Gruppenleiterin hatte Erfahrungen zu vestibulären[2] Stimulationen als Angebot für die Gruppe vorbereitet. Ein Student brauchte sehr lange, bis er bei einer Übung das Gleichgewicht fand. Alle warteten auf ihn und schauten ihn an. Er war so konzentriert, dass er dieses kaum wahrnahm. Die Gruppenleiterin bat nach Abschluss der Übung die ganze Gruppe für diesen Studenten zu applaudieren, da er so intensiv bei der Aufgabe war, bis er sie bewältigt hatte. Die Gruppe applaudierte und der Student lief rot an. Die Gruppenleiterin ging zur nächsten Aufgabe über und die Kamera blieb bei dem Studenten, der so intensiv gelobt worden war: Über seinem Gesicht breitete sich nach und nach ein großes Strahlen aus. Beide Studenten berichteten im Nachhinein, dass ihnen diese Situation und vor allem die im Review gezeigten Bilder so im Gedächtnis haften blieben, dass sie sich, wenn sie sich nun an der Universität sähen, mit einem ähnlichen strahlenden Gesicht anschauen würden. Für die Gesamtgruppe war dieser Bericht immer wieder Anlass, einerseits darüber nachzudenken, wie sensibel und authentisch man mit Lob umgehen müsse, und andererseits, dass diese Situation der Auslöser für einen Beziehungsaufbau war, der den Studenten auch bei anspruchsvollen Aufgabenstellungen immer wieder motiviert dabei sein ließ.

Zu 2: Im fachrichtungsübergreifenden Schwerpunkt „Interaktionsanalysen" des Lehramtes Sonderpädagogik haben wir die Möglichkeit, über zwei Semester miteinander zu arbeiten. Als sehr fruchtbar hat sich die Zusammenarbeit anhand der Videos zwischen den beiden Studierendengruppen des Lehramtes und des MA Bildung und Förderung in der Frühen Kindheit erwiesen. Der Blickwinkel auf die beiden Gruppen von Kindern, einerseits die Krippen- und Kindergartenkinder und andererseits Schulkinder mit besonderen Bedürfnissen lässt deutlich werden, welche basalen Kommunikationselemente entwicklungsunterstützend wirken können, dass diese Elemente für beide Kindergruppen gleichermaßen, wenn auch in einer anderen Form gelten und dass sie oft einer intuitiven Didaktik (vgl. Papoušek 2011) entspringen. Im professionalisierten Kontext sollen diese intuitiven wichtigen Kommunikationsmittel reflektiert und bewusst eingesetzt werden.

---

2   Den Gleichgewichtssinn betreffend.

Anhand von Videosequenzen, die die Studierenden in Teilen selbst erstellen, werden Kenntnisse entwicklungsförderlicher Kommunikationselemente vermittelt und im Rahmen von Phasen, Dimensionen und Besonderheiten kindlicher Entwicklung diskutiert. Das von den Studierenden im Rahmen ihres bisherigen Studiums erworbene Wissen kann damit an konkreten Interaktionen, die filmisch dargelegt werden, andocken: z.B. Szenen zum Spracherwerb oder zum kooperativen Lernen.

Die Studierenden erstellen zunehmend selbständig anhand der Filme eigene Videointeraktionsanalysen und lernen sehr bewusst zu beobachten, wahrzunehmen und auf das Wechselspiel von Aktion und Reaktion zu achten. Sie lernen die Kommunikationselemente des Wahrnehmens, Bestätigens, Benennens, des Turn Taking und des Positiven Leitens in Interaktionen zu erkennen und deren Bedeutung für die kindliche Entwicklung zu reflektieren.

Hinzu kommt im weiteren Verlauf das Entwickeln von Beratungspfaden unter der Berücksichtigung der Aspekte Kommunikation, Information und Struktur im Marte-Meo-Review. Studierende beraten sich untereinander oder auch Externe nach Marte Meo: Sie geben wertschätzende, positive und konkrete Rückmeldungen zu Kommunikationsverhalten in verschiedenen pädagogischen Handlungsfeldern. Auch diese Reviews werden videografiert und die Studierenden erhalten eine Rückmeldung zu der eigenen Beratungskompetenz mit dem Blick auf Marte-Meo-Beratungen; dieses bedeutet jeweils, die Möglichkeiten von Entwicklung in den Vordergrund zu stellen, also mit positiven Bildern und gelungenen Situationen zu arbeiten. Gerade für die im diagnostischen Blicken ausgebildeten Sonderpädagog/inn/en erscheint diese wertschätzende und konkrete Form der Rückmeldung nach Marte Meo eine wichtige Erweiterung ihrer beruflichen Praxis.

Im Rahmen dieser Veranstaltungen wurden verschiedenste Dimensionen kindlicher Entwicklung und deren Begleitung deutlich: Als Beispiel mag der Umgang mit Fragen dienen: Ein Film über einen zweijährigen Jungen, der mit seiner Mutter einkaufen geht, wurde analysiert. Der Mutter gelingt es, den Jungen in vielerlei Hinsicht in ihr Handeln einzubinden, so dass er viele Erfahrungen der eigenen Selbstwirksamkeit machen kann und begeistert dabei ist. Dann sehen die beiden einen großen Elefanten, der im Einkaufszentrum ausgestellt ist. Der Junge ist fasziniert, legt den Kopf in den Nacken und schaut hoch. Er hat große staunende Augen. Die Mutter fragt: „Wie macht der Elefant?" Der Junge antwortet: „Muh!" Die Mutter antwortet: „Nein, der Elefant macht törö!" Daraufhin wurde im Seminar über die Rolle von Fragen in der Interaktion von Erwachsenen mit Kindern nachgedacht. Schulisches Leben findet häufig in Fragekontexten statt. Auf die Frage der Mutter an den Jungen kann dieser nur richtig oder falsch antworten. Eine Studentin machte den Vorschlag, dass die Mutter die Wahrnehmungen und Initiativen des Kindes hätte benennen können: Der Elefant ist ganz groß, du musst weit hinaufschauen, um seinen Kopf sehen zu können … Sie sei damit näher an der Erfahrungswelt des Kindes, das damit gar nicht in die Zwangslage kommt, etwas richtig oder falsch zu beantworten. Im Seminar wurde der Umgang mit Fragen dann weiterhin im schulischen Kontext thematisiert: Was heißt fragen, wenn ich eine/n schwerstmehrfachbehinderte/n Schüler/in habe, der/die diese Frage evtl. gar nicht beantworten kann. Was bedeutet fragen im Kontext naturwissenschaftlicher Bildung? In der Woche zuvor hatten wir einen Film aus dem naturwissenschaftlichen Unterricht einer fünften Klasse analysiert, die Experimente zum Thema Hitze durchgeführt haben. Indem der Lehrer die Handlungen der Kinder beim Experimentieren benannt hat, führte er sie zu immer differenzierteren Beobachtungen, die für die Kinder Anlass waren, selbst Fragen zu stellen.

Zu 3: Das videobasierte Feedback nach Marte Meo in der Praktikumsbegleitung des Orientierungspraktikums aller Lehrämter ist in zweierlei Hinsicht an der Universität zu Köln eingeführt worden: Zum einen sind Schulungen nach Marte Meo für die Lehrbeauftragten der Praktikumsbegleitung angeboten worden. Zum anderen sind die Studierenden in einführenden Veranstaltungen mit der Methode Marte Meo vertraut gemacht worden. Gerade im Orientierungspraktikum geht es für die Lehramtsstudierenden darum, einen professionellen Habitus anzubahnen, der auf einer persönlichen Ebene eigene Fähigkeiten und Ressourcen nutzt, der eigene Entwicklungsmöglichkeiten erkennen lässt, der eine kritisch-reflexive Auseinandersetzung mit dem eigenen Selbstverständnis ermöglicht. Auf der Handlungsebene sollen systematische Beobachtung erlernt werden sowie ein Handlungsrepertoire zur aktiven Beziehungsgestaltung, Bildungs- und Entwicklungsbegleitung. Und schließlich sollen die Studierenden ein ressourcenorientiertes und wertschätzendes Feedback erhalten und auch geben können.

Die Arbeit mit Marte Meo ermöglicht über die Videos Einblicke in alltägliches Unterrichtsgeschehen schulischer Interaktionen und damit auch der Interaktions- und Unterrichtsgestaltung der Praktikant/inn/en. Über diese Einblicke kann ein Nachvollzug des Interaktionsgeschehens und damit eine konkrete Reflexionsmöglichkeit gewährleistet werden. Handlungsalternativen können konkret entwickelt, erprobt und überprüft werden. Gerade in der Arbeit mit den Videobildern ist immer wieder festzustellen, dass der emotionale Bezug und die emotionale Bedeutung für die Praktikant/inn/en zum Handlungsgeschehen sehr deutlich sind. Nachdem die erste Scheu überwunden ist, sich selbst in den Videos zu sehen, beginnen die Studierenden auch die Perspektive ihrer Schüler/innen einzunehmen, aus deren Blickrichtung sie in den Videos ja schauen. Ganz wesentlich von Seiten der Berater/innen ist es, gerade weil der emotionale Bezug durch Bilder noch viel deutlicher gegeben ist, Möglichkeiten und Stärken der Studierenden aufzuzeigen, also wirklich nur mit Positiven Bildern zu arbeiten.

Eine Studierendengruppe hat in der Praktikumsbegleitung Unterrichtsanfänge herausgearbeitet und im Rollenspiel erprobt: Ein Student übernahm die Lehrerrolle während die anderen eine Gruppe von Hauptschülern (ziemlich eindrucksvoll) spielten. Anhand der Szene konnte konkret erarbeitet werden, wie der „Lehrer" es schafft, überhaupt die Aufmerksamkeit der gesamten Gruppe zu erreichen: Er spricht erst alle gemeinsam an, richtet dann den Fokus auf eine Schülerin, so dass ihm dabei aber auch der Überblick über die Gesamtgruppe verloren geht. Die Lehrbeauftragte, die diese Sequenz begleitet hatte, konnte dann mit dem Studenten gemeinsam erarbeiten, wie er beispielsweise über Bestätigen der kindlichen Handlungen und Benennen seiner eigenen Initiativen erzeugen kann, dass die gesamte Gruppe mit ihrem Fokus bei ihm bleibt. Ebenso wurde intensiv immer wieder die Bedeutung von Blickkontakt und kooperativer und klarer Ansprache thematisiert, da in den Bildern sichtbar ist, dass die Schüler/innen, wenn sie sich wahrgenommen fühlen und freundlich, sowie klar angesprochen werden, in einem anderen Kontakt zum Lehrer/ zur Lehrerin stehen und ihm/ihr dann in seinen/ihren Ausführungen folgen.

Insgesamt scheinen gerade die positiven Rückmeldungen von den Studierenden als besonders gut empfunden zu werden: „Man wird nicht bloß gestellt" sondern erhält positive Unterstützung. Vielfach wurde berichtet, dass ein Prozess der Selbstreflexion eingesetzt hat: eine neue Wahrnehmung der eigenen Person und Rolle. Studierende ändern ihren Blick auf sich selbst, da sie sich selber in Aktion erleben konnten und dadurch das eigene Verhalten erst einmal einschätzen und in manchen Bereichen dann ändern können. Oder auch Gelungenes einfach stehen zu lassen und sich darüber zu freuen, sich davon stärken zu lassen. Zu den Entwicklungsmöglichkeiten der Studierenden, die herausgearbeitet wurden, wurde vielfach angemerkt, dass die Konkretheit der Rückmeldung hilfreich sei.

Eine Studentin äußerte: „Es tut so gut, dass mal das Gute gesehen wird und dann nicht direkt was man alles anders machen kann. Ich guck jetzt erst mal, dass ich von meinen gelungenen Momenten mehr mache!" Marte-Meo-Zeit ist immer Entwicklungszeit, nicht nur für Kinder, sondern auch für ihre erwachsenen Begleiter/innen. Gerade in der Ausbildung bietet es die Möglichkeit, junge Pädagog/inn/en in der Entwicklung einer wertschätzenden, offenen, kommunikativen Haltung zu unterstützen sowie ein konkretes Handwerkszeug zur Interaktions- und Beziehungsgestaltung wie zur Leitung von Gruppen zu entwickeln. Besonders interessant scheint dabei die Nachhaltigkeit der Arbeit mit den Bildern zu sein, da Bilder emotionale Bedeutsamkeit mitbringen, die man mit Worten manchmal schlecht erzeugen kann.

Ingmar Schindler, Dirk Rohr & Meike Kricke

Nach der Praxis Mehr-Sehen: die Methode des Reflecting Teams

Methodenbeschreibung

Das Reflecting Team (RT) ist eine ebenso klar strukturierte wie flexible Reflexionsmethode für die Praxisbegleitung bzw. -reflexion. Seinen Ursprung hat das RT in der Familientherapie von Tom Andersen, wurde dann aber adaptiert für den allgemeinen Bereich der Reflexion (vgl. Reich 2010 sowie Kricke/Rohr/Schindler 2012). Es kann in allen Lehr-Lern-Situationen mit mindestens vier Beteiligten angewendet werden. Vor einer Lehr- oder Beratungssituation wird eine Gruppe von Beobachter/ inne/n ausgewählt, die sich in der ursprünglichen Form zu erst einmal nicht aktiv beteiligen darf. Diese *erste Phase* kann natürlich bereits auch schon eine Feedback-Situation sein – muss aber nicht; es könnte auch eine Beratungssituation des Dozenten/der Dozentin mit einem/einer Studierenden sein (alle anderen Studierenden sind stille Beobachter/innen) oder eine Team-Teaching-Situation von Studierenden (z. B. ein Referat bzw. eine theoretische Reflexion).

Nach einer gewissen Zeit – der Dozent/die Dozentin oder eine/einer der Teilnehmer/innen bestimmt den Zeitpunkt – gibt es eine kurze Zäsur, in der die *zweite Phase* eingeläutet wird: Nun müssen die Aktiven der ersten Phase beobachten (dürfen nicht reden) und die vormals Beobachter/innen reflektieren die erste Phase!

Und nun wiederholen sich die Phasen von Aktivität und Passivität, d. h.:

Nach einer gewissen Zeit – der Dozent/die Dozentin oder eine/einer der Teilnehmer/innen bestimmt den Zeitpunkt – gibt es eine kurze Zäsur, in der die *dritte Phase* beginnt: Nun müssen die Aktiven der zweiten Phase beobachten (dürfen nicht reden) und die vormals Beobachter/innen reflektieren die zweite Phase!

usw.

Folgende Grafiken verdeutlichen die sich wiederholende, einfache Struktur:

Reflecting Teams
1. und 3. Phase

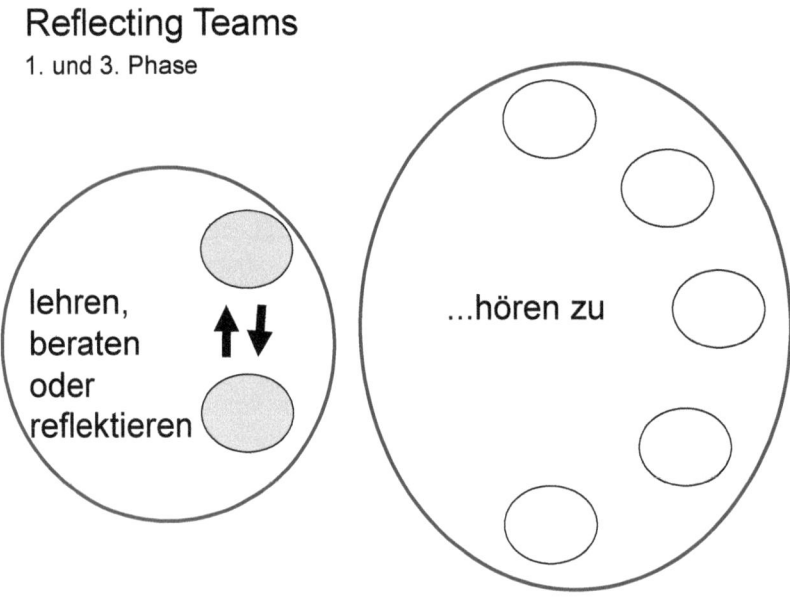

lehren, beraten oder reflektieren

...hören zu

Abbildung 1

Reflecting Teams
2. und 4. Phase

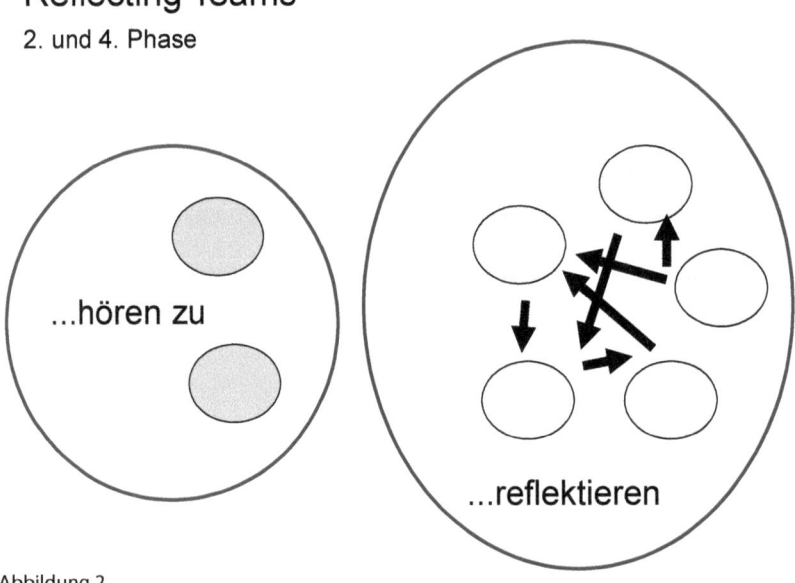

...hören zu

...reflektieren

Abbildung 2

Im Reflecting Team (RT) als Reflexionsmethode gibt es keine direkte Konfrontation: Perspektiven bleiben – erst einmal – stehen. Eine „Antwort" oder „Gegenperspektive" ist erst nach einer Weile möglich. Diese Pause wirkt als „Besinnungspause".

Das Reflecting Team gibt in besonderer Weise die Möglichkeit, kritisch konstruktives, aber wohlwollendes Feedback geben und annehmen zu lernen. Es initiiert und strukturiert den wechselseitigen Austausch über eine gemeinsame Erfahrung (die erste Phase).

Insgesamt ermöglicht das Reflecting Team Hemmschwellen, Unsicherheiten und Nervosität durch den geschützten Rahmen zu vermindern. Durch die Reduzierung der Teilnehmer/innen in den einzelnen Phasen ist auch eine aktive Beteiligung von mehr Teilnehmer/inne/n möglich. Es gibt Zeit, individuelle Einstellungen, das eigene Erleben, Meinungen, Erfahrungen der Teilnehmer/innen zu erkunden und kund zu tun (das Gesagte wirken zu lassen). So kann aufmerksames Zuhören im RT gefördert und gefordert werden.

Beispiele, Erfahrungen, Durchführung

Im Folgenden möchten wir Varianten der Methode anhand von drei Beispielen in der Praktikumsbegleitung darstellen:

Das Reflecting Team in der Praktikumsbegleitung als Supervisionsmethode

Durchführung

In der Begleitung des Orientierungspraktikums bietet es sich immer wieder an fallbasiert zu arbeiten und besonders interessante Fälle der gesamten Gruppe zugänglich zu machen, um so exemplarisch verschiedenste Lösungsmöglichkeiten einer Situation aus der Praxis zu veranschaulichen. Dazu eignet sich folgende Variante des Reflecting Teams, die in ihren Rahmenbedingungen der Fall-Supervision innerhalb einer Gruppensupervision ähnelt. Es gibt mindestens drei Phasen:

In der *ersten Phase* bringt ein/e Studierende/r einen Fall aus seinem Praktikum ein, der ihn/sie besonders beschäftigt hat und über den er/sie mehr zu erfahren wünscht. Der/die Lehrende moderiert dabei das Gespräch in einem Zweier-Dialog vor der gesamten Gruppe (s. Abb. 3). Die volle (wertschätzende) Aufmerksamkeit liegt dabei bei der/dem Fallgeber/in und die Gruppe „darf" in der ersten Phase zuhören.

Reflecting Teams
1. Beispiel, 1. und 3. Phase

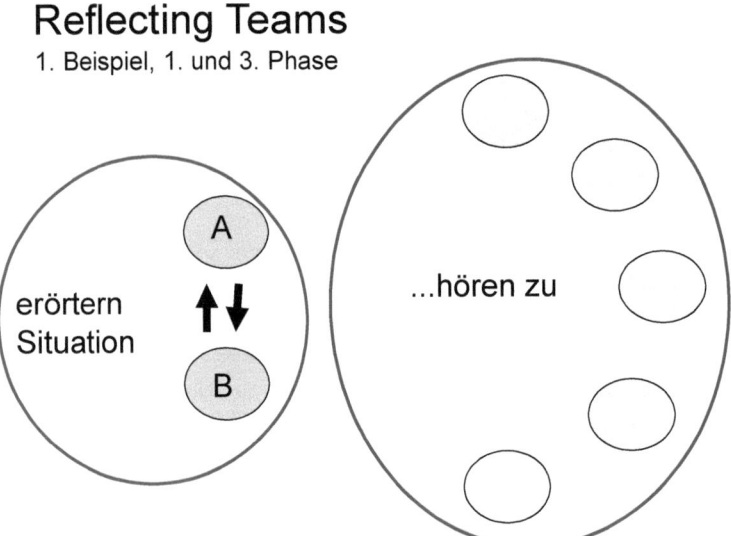

A= Student/in   B= Dozent/in

Abbildung 3

In einer *zweiten Phase* öffnet sich der Zweier-Dialog und die Gruppe wird darum gebeten Lösungsvorschläge zu machen und ihre Perspektiven einzubringen. In dieser Phase darf der/die Fallgeber/in nur zuhören.

Reflecting Teams
1. Beispiel, 2. und 4. Phase

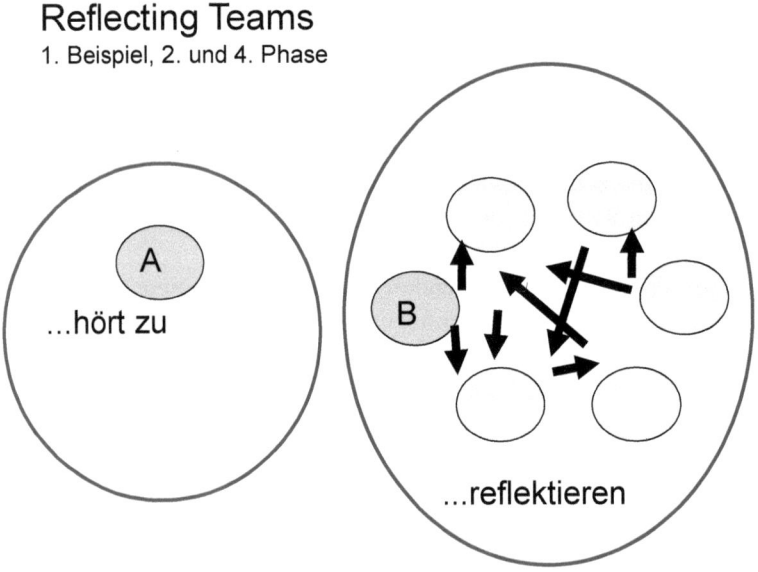

A= Student/in   B= Dozent/in

Abbildung 4

So entsteht in der Kommunikation ein geschützter Rahmen, in dem die Studierenden ihre persönlichen Ideen, Vorschläge und Lösungen einfließen lassen können
(vgl. Schlippe/Schweitzer 2007). Auch heikle Themen können in einer solchen Methode angesprochen werden: Die Gruppe dient hier im weitesten Sinne als Stellver-
treter/in für beteiligte Personen des Falls, vor allem aber als Expertenrückmeldung
im Sinne einer Perspektivenvielfalt. Es kommt zu einer Sammlung von Lösungsvor-
schlägen und zu vielfachen Rückmeldungen an den/die Fallgeber/in (vgl. Kricke/
Rohr/Schindler 2012). Der/die Lehrende kann die Gruppe in der zweiten Phase er-
muntern entweder:

(1) über den „Inhalt" des Falls oder
(2) über den gerade erlebten Prozess (die Supervision)

Rückmeldung zu geben, Fragen zu stellen, mit konjunktivistischen Formulierungen zu interpretieren und eigene Assoziationen, Phantasien, Gedanken und Gefühle
zu äußern (vgl. Kricke/Rohr/Schindler 2012).

Nach einer gewissen Zeit wird die zweite Phase wieder beendet und die *dritte
Phase* beginnt: Der/die Moderierende, wendet sich nun (körperlich und mit seiner
ganzen Aufmerksamkeit) wieder ausschließlich der/dem Fallgeber/in zu, um diese/n
z. B. zu fragen:

„Was hat dich von dem Gesagten am meisten bewegt, welche Aussage scheint dir
gerade am bedeutsamsten?"

Reflexion

Supervision, als Arbeit an sich selbst, wird in den meisten Berufen, die die Men-
schen in den Mittelpunkt ihres Wirkens stellen, als Schlüssel zu einem erfolgreichen
Arbeitsleben betrachtet. Dies gilt auch für die Pädagogik, da hier im besonderen
Maße die Beziehungsseite belastet wird (vgl. Reich 2010). Das Reflecting Team ermöglicht durch seine partizipative Grundstruktur, dass alle Gruppenmitglieder in die
Fälle eingebunden werden und so selbst in einen inneren Dialog eintreten (vgl. Rohr
2004), auch wenn sie nicht zu den Fallgeber/inne/n gehören: Auf intensive Art und
Weise werden die Teilnehmer/innen bei der Besprechung unterschiedlichster Fälle Teil einer komplexen Beziehungsstruktur (vgl. Kricke/Rohr/Schindler 2012). Die
Gruppe wird durch das Reflecting Team in die Lage versetzt authentisch an den Fällen mitzuarbeiten. Durch den Einbezug des Supervisors/der Supervisorin in die Fälle
werden die Studierenden weiterhin herausgefordert die unterschiedlichen Problemsi-
tuationen an Hand eigener Erfahrungen aufzuarbeiten und ihre Ansichten und Einstellungen zu überdenken (neben der eigentlichen Unterstützung für den/die Fallge-
ber/in).

Kompetenzen, die in dieser Variante (besonders) gefördert werden

Die Studierenden können:

- den wechselseitigen Austausch über differente Erfahrungen strukturiert initiieren (Professionalisierung),
- Hemmschwellen, Unsicherheiten und Nervosität reduzieren (durch eine gemeinsam entwickelte wertschätzende Seminarkultur),
- sich aktiv beteiligen und an Lösungen von pädagogischen Fällen beteiligen (Arbeit im Team),
- pädagogische Situationen fallorientiert betrachten und
- Erfahrungen und Einschätzungen formulieren.

Das Reflecting Team als mehrperspektivisches Feedbackinstrument

Die Methode des Reflecting Teams kann auch als mehrperspektivisches Feedbackinstrument eingesetzt werden, z. B. in der Seminararbeit im Rahmen der E-Portfolioarbeit:[1]

Dies kann in der Begleitveranstaltung zum Orientierungspraktikum wie folgt geschehen: Am Ende der Seminarzeit können die Studierenden „best practices" ihrer Portfolioarbeit über das Semester präsentieren. Dabei wählen die Studierenden im Vorhinein eine Aufgabe ihres Portfolios, an der sich Lernfortschritt und -prozess besonders gut zeigen lassen, begründet aus und überlegen dazu eine geeignete Präsentationsform. Arbeiten die Studierenden in festen Lernteams, bietet es sich an, die Auswahl im Dialog zu treffen und eine gemeinsame Präsentation im Lernteam auf Grundlage der Portfoliobeispiele zu entwickeln.

Während dieser Präsentationen kann die Methode des Reflecting Teams als Feedbackvariante eingesetzt werden:

Durchführung

Zur Vorbereitung auf die Präsentation bereitet jede/r Studierende innerhalb des Lernteams eigene Beobachtungsschwerpunkte vor und sollte dabei sowohl die inhaltliche Ebene (z. B. in Bezug auf Verständlichkeit, „roter Faden", Quellenarbeit), als auch Aspekte der Beziehungsebene (gemeinsame Kriterien für eine gelungene Präsentation, Wirkung der Präsentation, Begründung zur Auswahl der Arbeitsprobe, …) beachten. Die Kriterien sollten in Form eines gemeinsamen Beobachtungsbogens festgehalten werden.

Diese Einteilung orientiert sich daran, dass die Methode des RTs nach Reich (2010, 60 sowie Kricke/Rohr/Schindler 2012) in einem pädagogisch-didaktischen Rahmen die Funktion der Metakommunikation einnimmt, die zwei Ebenen berücksichtigt: Neben der „Kommunikation über Beziehungen" tritt eine „Metakommunikation" über die inhaltliche Bedeutung hinzu. Der gemeinsam entwickelte Bogen kann anschließend an vier Teilnehmer/innen des Seminars verteilt werden, die das

---

1 Das RT als „partizipatorisches Feedbackinstrument": vgl. Kricke/Rohr/Schindler (2012).

Lernteam, die/der Studierende vor Präsentationsbeginn auswählt. Diese bilden zwei Reflecting Teams: Das eine RT achtet während der Präsentation auf die Beziehungsebene des Lernteams zur Gruppe, das andere RT auf Aspekte der inhaltlichen Gestaltung (alternativ wird die Gruppe geteilt). Die beiden RT können hier – im Gegensatz zur klassischen Variante – nicht nur als „stille Beobachter/innen", sondern auch als aktive Teilnehmer/innen agieren (1. Phase).

Reflecting Teams
2. Beispiel, 1. Phase

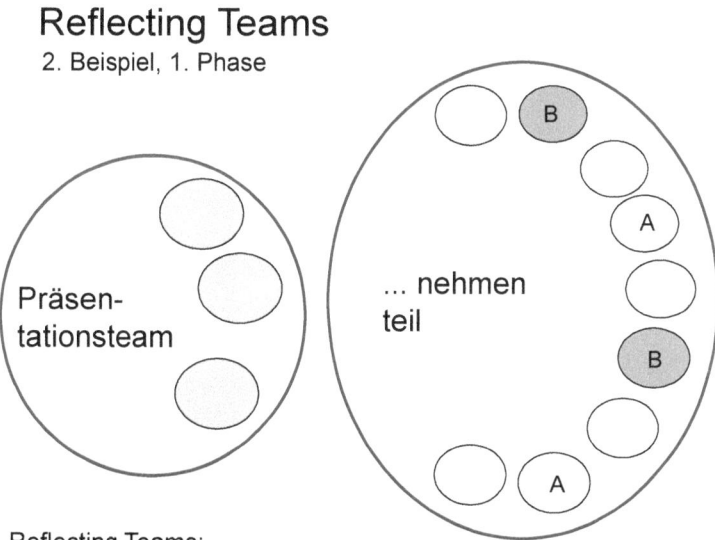

Reflecting Teams:
A= achten auf Beziehungsaspekte; B= achten auf Inhalt

Abbildung 5

Nach der Präsentation reflektieren die zwei Beobachter/innen-Teams auf der Metaebene im Reflecting Team über die Wirkung der Präsentation. Dabei dient der strukturierte Beobachtungsbogen als Grundlage des Feedbacks. Während dieser Phase halten sich der/die Student/in oder das Lernteam zurück und hören dem Reflecting Team nur zu (2. Phase).

Reflecting Teams
2. Beispiel, 2. Phase

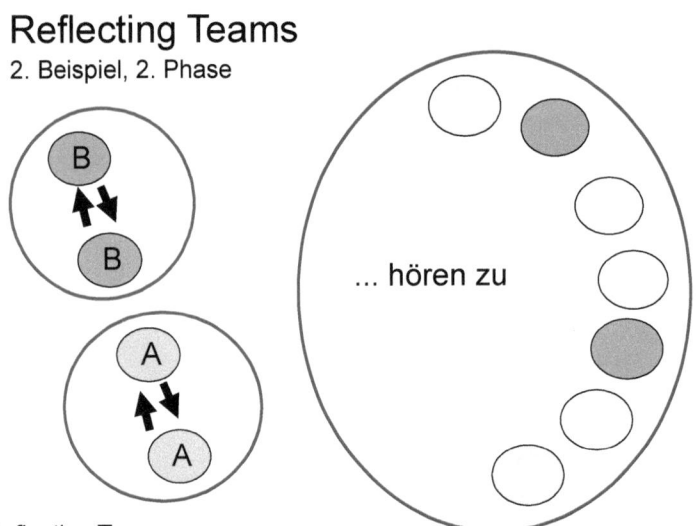

Reflecting Teams:
A= achten auf Beziehungsaspekte; B= achten auf Inhalt

Abbildung 6

Reflexion
Wird das RT als partizipatorische Feedbackmethode eingesetzt, ist es aus unserer Erfahrung von hoher Bedeutung, dass im Vorhinein über Feedbackregeln gesprochen wird und hier vor allem Aspekte der gegenseitigen Wertschätzung betont werden – ganz im Sinne einer positiven und konstruktiven Feedbackkultur. In dem Setting der Begleitveranstaltung zum OP bietet sich diese Methode gut an, da hier der Schwerpunkt auf Reflexion und Dialog liegt, bzw. die Studierenden durch die Seminarstruktur (4 SWS) miteinander vertraut sind.

Eine gute Vernetzung zur Portfolioarbeit sehen wir darin, dass die Studierenden einerseits ihre Erfolgs- und Wachstumsseiten innerhalb der Beobachtungsbögen einfließen lassen können, andererseits aber auch die erhaltenen Rückmeldungen aus dem RT wieder für sich nutzen können. So kann eine direkte Rückmeldung auf persönliche Interessenschwerpunkte mehrperspektivisch (Lernteam und RT) erfolgen. Insgesamt kann die Methode des RTs so die „Beobachterperspektiven von Teilnehmern" (Reich 2009, 241), hier zukünftigen Lehrpersonen, auf der Inhalts- als auch auf der Beziehungsebene stärken (vgl. Kricke/Rohr/Schindler 2012).

Kompetenzen, die in dieser Variante (besonders) gefördert werden
Die Studierenden können:
- kritisch-konstruktives und wohlwollendes Feedback geben lernen,
- offenes und ehrliches Feedback annehmen lernen,
- Kooperations- und Kommunikationsfähigkeit trainieren (z.B. andere ausreden lassen) und
- aufmerksames Zuhören im Gespräch praktizieren.

2.3 „Mehr sehen" – das Reflecting Team als Beobachtungsinstrument

Im Rahmen der Begleitseminare zum Orientierungspraktikum kann das Reflecting Team auch als Beobachtungsinstrument verwendet werden. So können z. B. einzelne Studierende das Angebot wahrnehmen, in den bereits erwähnten Lernteams[2] gemeinsam das Orientierungspraktikum an einer Schule zu absolvieren. Während dieser Zeit lässt sich der Arbeitsplatz Schule anhand von ausgewählten Fragestellungen aus dem E-Portfolio „erforschen", indem z. B. Unterricht beobachtet, Interviews oder Befragungen durchgeführt und „Ergebnisse" auf Grundlage bildungswissenschaftlicher Theorien analysiert werden.

In einem solchen Setting bietet sich die Methode des RTs an, als Variante eines Beobachtungsinstrumentes eingesetzt zu werden, wenn ein Lernteam sich entscheidet, den Unterricht gemeinsam anhand eines Beobachtungsschwerpunktes zu analysieren, zum Beispiel unter der Fragestellung, inwieweit im Unterricht Merkmale einer „positiven Kommunikationskultur"[3] zu erkennen sind.

Durchführung

Zur Vorbereitung entwickeln die Studierenden eines Lernteams einen gemeinsamen Beobachtungsbogen, indem sie Kriterien für eine positive Kommunikationskultur aus der Literatur zusammenstellen. Diesen Bogen können sie anschließend nutzen, um getrennt voneinander während einer Unterrichtseinheit ihre Beobachtungen zu den entwickelten Kriterien festzuhalten (Abb. 7).

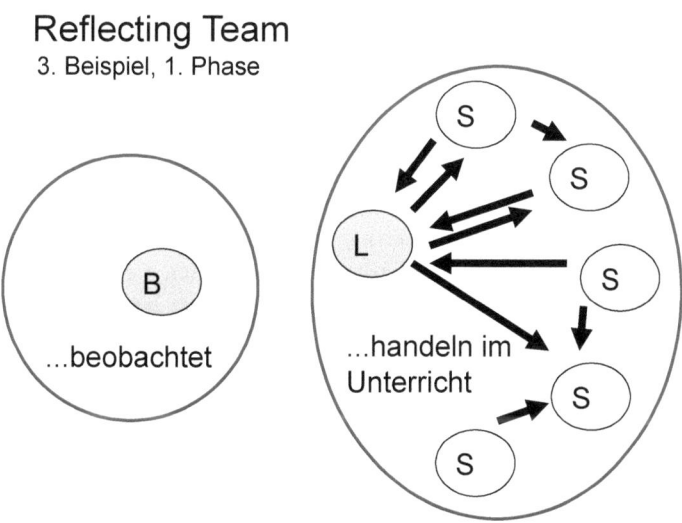

Reflecting Team
3. Beispiel, 1. Phase

...beobachtet

...handeln im Unterricht

B= Student/in   L= Lehrer/in   S= Schüler/in

Abbildung 7

---

2   Siehe auch Kricke/Reich in diesem Band.
3   Als Grundlage einer wertschätzenden Lernatmosphäre.

Im Anschluss an den Unterricht findet dann das Reflecting Team auf Grundlage ihrer gemachten Beobachtungen statt (Abb. 8).

Reflecting Team
3. Beispiel, 2. Phase

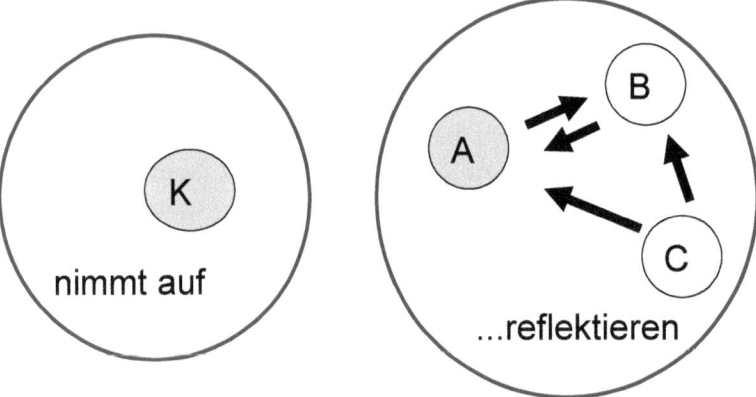

A / B / C = Student/in   K = Kamera

Abbildung 8

Reflexion
Die Methode des RTs eignet sich aus unserer Erfahrung besonders gut, Unterrichtsbeobachtungen im Dialog zu reflektieren, um „eine professionelle Wahrnehmung für komplexe Unterrichtsprozesse auszubilden und eine pädagogische Beobachtungskompetenz" (Kricke/Rohr/Schindler 2012, 9f.) zu fördern. Resümierend lässt sich so eine mehrperspektivische Beobachtervielfalt herstellen (vgl. Reich 2009) und das Bewusstsein für verschiedene Wirklichkeitskonstruktionen (Kompetenz Erziehen) wird geschult. Im Hinblick auf die spätere Tätigkeit als Lehrperson dient diese Methode dazu, sich verschiedene Perspektiven zu vergegenwärtigen und zu schnelle oder voreingenommene Blicke zu hinterfragen. In dem hier angefügten Beispiel könnte aus unserer Sicht gut der Bezug zu dem „labeling-approach"-Ansatz gezogen werden: Haben Studierende, neben übereinstimmenden Notizen, auch unterschiedliche Sichtweisen auf die beobachtete Situation, erfahren sie im Dialog einen Wechsel der Perspektiven.

Für uns nimmt das RT als Unterrichtsbeobachtungsinstrument daher eine zentrale Bedeutung für die Lehrer/innen/bildung ein – nämlich, von einer subjektiven Wahrnehmung zu einer objektiveren zu gelangen (vgl. Reich 2009, 106), um Intersubjektivität und Multiperspektivität zu fördern, also „*mehr* zu sehen" und insgesamt eine forschende Haltung auf Seiten der Studierenden anzuregen (vgl. hier weiter: Kricke/Rohr/Schindler, 2012).

Kompetenzen, die in dieser Variante (besonders) gefördert werden

Die Studierenden können:

- den wechselseitigen Austausch über eine gemeinsame Erfahrung strukturiert initiieren,
- individuelle Einstellungen, Beobachtungen, Erfahrungen anderer Teilnehmer/innen erkunden,
- eigene Beobachtungen (und deren Kriterien) reflektieren,
- eine forschende Grundhaltung im Hinblick auf Unterricht entwickeln,
- den Konstruktionscharakter sozialer Wirklichkeiten nachvollziehen und
- eigene (wissenschaftliche) Fragestellungen, Theorien und Hypothesen formulieren lernen.

Fazit

Das Reflecting Team eignet sich als variantenreiche Reflexionsmethode in besonderem Maße für die Praktikumsbegleitung. Gerade die Mehrperspektivität – als ein zentraler Aspekt des Konstruktivismus – ist hier aus unserer Sicht hilf- und lehrreich:

So kann man „Mehr-Sehen" als nur mit den eigenen Augen (und der eigenen Erfahrung).

Dies kann – gerade in der Ausbildung zukünftiger Lehrer/innen – bei den Beteiligten eine „Sehnsucht" wecken, pädagogische Situationen und sich selbst in der eigenen Rolle nicht einseitig zu betrachten, sondern immer wieder zu hinterfragen.

Und „Mehr-Sehen" löste bei uns Autor/inn/en eine weitere, gemeinsame Assoziation aus: auf das „Meer-Sehen": Im Reflecting Team gibt es viele Perspektiven, die wahrgenommen und benannt, aber nicht direkt konfrontiert werden; das Meer ist eine weite Perspektive – und gleichzeitig eine Naturgewalt, die wir nicht konfrontieren bzw. herausfordern sollten.

Insofern wollen wir treu diesem Bild, dieser Metapher, abschließen mit einem wunderschönen Zitat von Antoine de Saint-Exupéry, das unsere Grundhaltung – im Sinne des Empowerment-Ansatzes – widerspiegelt:

„Wenn Du mit anderen ein Schiff bauen willst, so beginne nicht, mit ihnen Holz zu sammeln, sondern wecke in ihnen die Sehnsucht nach dem großen weiten Meer." (Saint-Exupéry 1969)

Literatur

Aarts, J. (2007): Marte Meo – Methode für Schulen. Entwicklungsfördernde Kommunikationsstile von Lehrern. Förderung der Schulfähigkeit von Kindern. Eindhoven: Aarts Productions.

Aarts, M. (2011): Marte Meo. Ein Handbuch. Eindhoven: Aarts Productions.

Amrhein, B. (2012): LehrerInnenbildung für eine Inklusive Schule – Bestandsaufnahme der Ausbildungssituation an Hochschulen in Nordrhein-Westfalen. In: Zeitschrift Gemeinsam Leben 1/2012, 20-32.

Arnold, K.-H./Hascher, T./Messner, R./Niggli, A./Patry, J.-L./Rahm, S. (2011) Empowerment durch Schulpraktika. Perspektiven wechseln in der Lehrerbildung. Bad Heilbrunn: Julius Klinkhardt.

Arnold, R./Schüßler, I. (1998): Wandel der Lernkulturen. Ideen und Bausteine für ein lebendiges Lernen. Darmstadt: Wiss. Buchges.

Bachtesvanidis, V./den Ouden, H./Kricke, M./Rohr, D. (2012): Hochschuldidaktische Aspekte. In: Rohr, D./Roth, H.-J. (Hrsg.): Bildungswissenschaften: Das Kölner Modell von der Erprobung zur Implementierung. S. 62-70. Münster: Waxmann.

Bergedick, A./Rohr, D./Wegener, A. (2011): Bilden mit Bildern. Visualisieren in der Weiterbildung. Bielefeld: Bertelsmann.

Bernfeld, S. (1973[1925]): Sisyphos oder die Grenzen der Erziehung. Frankfurt am Main: Suhrkamp.

Bildungsserver Hessen [a] (o.J.): Arbeitshilfen zum Portfolio für LiV: A_1.4.1_Erste_Arbeitstheorie. In: http://lakk.bildung.hessen.de/afl/fortbildung/portfolio/ah/index.html (Stand 04.11.2011).

Bosse, D./Dauber, H./Döring-Seipel, E./Nolle, T. (Hrsg.)(2012): Professionelle Lehrerbildung im Spannungsfeld von Eignung, Ausbildung und beruflicher Kompetenz. Bad Heilbrunn: Klinkhardt.

Brunner, I. (2009): Stärken suchen und Talente fördern. Pädagogische Elemente einer neuen Lernkultur mit Portfolio. In: Brunner, I./Häcker, T./Winter, F. (Hrsg.): Das Handbuch Portfolioarbeit. Konzepte, Anregungen, Erfahrungen aus Schule und Lehrerbildung. S. 73-80. Seelze-Velber: Erhard Friedrich Verlag.

Bundeszentrale für gesundheitliche Aufklärung (Hrsg.) (2001): Was erhält Menschen gesund? Antonovskys Modell der Salutogenese – Diskussionsstand und Stellenwert. Köln.

Cohn, R. (2008): Von der Psychoanalyse zur Themenzentrierten Interaktion. Stuttgart: Klett-Cotta.

Cohn, R./Terfurth, C. (1993): Lebendiges Lehren und Lernen. TZI macht Schule. Stuttgart: Klett-Cotta.

Combe, A./Kolbe, F.-U. (2004): Lehrerprofessionalität: Wissen, Können Handeln. In: Helsper, W./Böhme, J. (Hrsg.): Handbuch der Schulforschung. S. 833-851. Wiesbaden: VS Verlag für Sozialwissenschaften.

Ehlers, U.-D./Adelsberger, H.H./Techler, S. (2009): Reflexion im Netz. Auf dem Weg zur Employability im Studium. In: Apostolopoulos, N./Hoffmann, H./Mansmann, V./Schwill, A. (Hrsg.): E-Learning 2009. Lernen im digitalen Zeitalter. S. 15-29. Münster: Waxmann.

Erbring, S. (2012): Mehrbelastung durch Inklusion? Eine neue schulische Herausforderung aus salutogener Sicht. In: Lernchancen 87/88, 75-81.

Ewert, F. (2008): Themenzentrierte Interaktion (TZI) und pädagogische Professionalität von Lehrerinnen und Lehrern. Wiesbaden: VS Verlag für Sozialwissenschaften.

Forlin, C. (2010): Teacher Education for Inclusion. Changing Paradigms and Innovative Approches. London: Routledge.

Gellert, M./Nowak, C. (2007): Teamarbeit – Teamentwicklung –Teamberatung. Meezen: Limmer-Verlag.

Granberg, C. (2010): E-portfolios in teacher education 2002–2009: the social construction of discourse, design and dissemination. In: European Journal of Teacher Education 33 (3), 309–322.

Hascher, T. (2011): Vom „Mythos Praktikum" … und der Gefahr verpasster Lerngelegenheiten. In: Journal für Lehrerinnen- und Lehrerbildung, 11 (3), 8-16.

Häcker, T. (2009): Vielfalt der Portfoliobegriffe. Annäherung an ein schwer fassbares Konzept. In: Brunner, I., Häcker, T.; Winter, F. (Hrsg.): Das Handbuch Portfolioarbeit. Konzepte, Anregungen, Erfahrungen aus Schule und Lehrerbildung. S. 33-39. Seelze-Velber: Erhard Friedrich Verlag.

Häcker, T. (2012). Portfolio im Kontext einer reflektierenden Lehrer/innenbildung. In: Egger, R./Merkt, M. (Hrsg.): Lernwelt Universität. Die Entwicklung von Lehrkompetenz in der Hochschule. Lernweltforschung, Bd. 8. S. 263-290. Wiesbaden: VS Verlag für Sozialwissenschaften.

Häcker, T./Winter, F. (2009): Portfolio – nicht um jeden Preis! In: Brunner, I./Häcker, T./ Winter, F. (Hrsg.): Das Handbuch Portfolioarbeit. Konzepte, Anregungen, Erfahrungen aus Schule und Lehrerbildung. S. 227-233. Seelze-Velber: Erhard Friedrich Verlag.

Hawellek, C. (1995): Das Mikroskop des Therapeuten. In: Systhema 1, 6-28.

Hawellek, C. (1997): Von der Kraft der Bilder. In: Systhema 2, 125-135.

Hawellek, C. (2012): Entwicklungsperspektiven öffnen. Grundlagen beobachtungsgeleiteter Beratung nach der Marte-Meo-Methode. Göttingen: V & R.

Hawellek, C./v. Schlippe, A. (Hrsg.) (2005): Entwicklung unterstützen – Unterstützung entwickeln. Systemisches Coaching nach der Marte-Meo-Methode. Göttingen: V & R.

Helsper, W. (2007): Pädagogisches Handeln in den Antinomien der Moderne. In: Krüger, H.-H./Helsper, W. (Hrsg.): Einführung in die Grundbegriffe und Grundfragen der Erziehungswissenschaft. S. 15-34. 8. Aufl. Opladen: UTB.

Herzog, W. (1995): Reflexive Praktika in der Lehrerinnen- und Lehrerbildung. In: Beiträge zur Lehrerbildung 13 (3), 253-273.

Huber, S./Hader-Popp, S. (2008): Professionelle Lerngemeinschaften im Bereich Schule. Netzwerke auf verschiedenen Ebenen als Chance für Unterrichts- und Schulentwicklung. In: SchulVerwaltung Spezial 3, 33-35.

Hummelsheim, A./Rohr, D. (2012): Supervisor/innen in der Lehrerausbildung. In: Journal Supervision 1, 13-14.

Koch-Priewe, B./Thiele, J. (2009): Versuch einer Systematisierung der hochschuldidaktischen Konzepte zum forschenden Lernen. In: Roter, B./Schneider, R./Koch-Priewe, B./Thiele, J./Wildt, J. (Hrsg.): Forschendes Lernen im Lehramtsstudium. Hochschuldidaktik, Professionalisierung, Kompetenzentwicklung. Bad Heilbrunn: Klinkhardt.

Köpfer, A. (2011): Theorie-Praxis-Seminar „Inklusive Schulentwicklung in Köln" der Universität zu Köln - Perspektiven für die LehrerInnenbildung. In: Ziemen, K./ Langner, A./Köpfer, A./Erbring, S. (Hrsg.): Inklusion – Herausforderungen, Chancen und Perspektiven. S. 139-150. Hamburg: Kovač Verlag.

Košinár, J. (2009): Körperkompetenzen und Interaktion in pädagogischen Berufen. Bad Heilbrunn: Klinkhardt.

Kress, V./Sossalla, K. (2009): Neue Wege bei der Ausbildung von Mentorinnen und Mentoren. In: Pädagogik 61 (9), 30-35.

Kricke, M./Reich, K. (2011): Das Orientierungspraktikum in der LehrerInnenausbildung in Nordrhein-Westfalen im Bachelor- und Masterstudiengang. Köln (Universität) oder http://www.uni-koeln.de/hf/konstrukt/reich_works/aufsatze/index.html (Stand 26.05.2012)

Kricke, M./Rohr, D./Schindler, I. (2012): Das „Reflecting Team" als Schlüssel im Professionalisierungsprozess: Die offene Tür. In: Schulpädagogik-heute 5, online: http://www.schulpaedagogik-heute.de/conimg/25.pdf.

Langmaack, B./Braune-Krickau, M. (1995): Wie die Gruppe laufen lernt. Beltz: Weinheim.

Lauterbach, M. (2008): Einführung in das systemische Gesundheitscoaching. Heidelberg: Carl Auer.

Meiners, K. (2012): Interaktionen in der Psychomotorik entwicklungsförderlich gestalten. In: Praxis der Psychomotorik 37(2), 95-102.

Meissner, M. (2009): Selbst-bewusst in die Professionalität. Portfolioarbeit im Referendariat – erste Erfahrungen aus Hessen. In: Brunner, I./Häcker, T./Winter, F. (Hrsg.): Das Handbuch Portfolioarbeit. Konzepte, Anregungen, Erfahrungen aus Schule und Lehrerbildung. S. 242-247. Seelze-Velber: Erhard Friedrich Verlag.

Meyer, U. (2004): TZI als Haltung und Methode – ein Beitrag zur Bildungsentwicklung nach Pisa. In: Themenzentrierte Interaktion 18 (2), 16-31.

Ministerium für Innovation, Wissenschaft, Forschung und Technologie/Baumert, J. (2007): Ausbildung von Lehrerinnen und Lehrern in Nordrhein-Westfalen – Empfehlungen der Expertenkommission zur Ersten Phase.

Ministerium für Schule und Weiterbildung des Landes Nordrhein-Westfalen (2009). Gesetz über die Ausbildung für Lehrämter an öffentlichen Schulen (Lehrerausbildungsgesetz LABG). http://www.schulministerium.nrw.de/BP/Schulrecht/Lehrerausbildung/LABGNeu.pdf. (Stand 21.01.2011).

Ministerium für Schule und Weiterbildung (2009): Gesetz über die Ausbildung für Lehrämter an öffentlichen Schulen (Lehrerausbildungsgesetz – LABG) Vom 12. Mai 2009. http://www.schulministerium.nrw.de/BP/Schulrecht/Lehrerausbildung/LABG__Fassung_12_05_2009.pdf.

Mücke, K. (2003): Probleme sind Lösungen. Systemische Beratung und Psychotherapie – ein pragmatischer Ansatz. Berlin: ÖkoSysteme Verlag.

Nieskens, B./Rupprecht, S./Erbring, S. (2012): Was hält Lehrkräfte gesund? Ergebnisse der Gesundheitsforschung für Lehrkräfte und Schulen. In: DAK-Gesundheit & Unfallkasse NRW (Hrsg.): Handbuch Lehrergesundheit – Impulse für die Entwicklung guter gesunder Schulen. S. 3-59. Köln: Carl Link, online http://www.handbuch-lehrergesundheit.de.

Øvreheide, H./Halfstadt, R. (1996): The Marte Meo Method and development supportive dialogues. Harderwijk: Aartes Productions.

Papoušek, M. (2001): Intuitive elterliche Kompetenzen. In: Frühe Kindheit 4, 4-10.

Pennac, D. (2009): Schulkummer. Köln: Kiepenheuer und Witsch.

Perls, F.S. (1976): Das Ich, der Hunger und die Aggression. Stuttgart: Klett-Cotta.

Perls, F.S. (2000): Grundlagen der Gestalt-Therapie. Einführung und Sitzungsprotokolle. Stuttgart: Klett-Cotta.

Perls, F.S./Hefferline, R.F./Goodman, P. (1979): Gestalttherapie. Lebensfreude und Persönlichkeitsentfaltung (Bd. 1), Wiederbelebung des Selbst (Bd. 2). Stuttgart: Klett-Cotta.

Petzold, H. (1993): Integrative Therapie. Paderborn: Junfermann.

Quitmann, H. (1991): Humanistische Psychologie. Göttingen: Hogrefe.

Rank, O. (1929): Technik der Psychoanalyse. Leipzig: Franz Deuticke.

Reh, S./Schelle, C. (2000): Biographie und Professionalität. Die Reflexivität biographischer Erzählungen. In: Bastian, J./Helsper, W./Reh, S./Schelle, C. (Hrsg.): Professionalisierung im Lehrerberuf. Von der Kritik der Lehrerrolle zur pädagogischen Professionalität. S. 104-127. Opladen: Leske + Budrich.

Reich, K. (Hg.) (2008a): Methodenpool. In: http://methodenpool.uni-koeln.de.

Reich, K. (2008b): Konstruktivistische Didaktik. Lehr- und Studienbuch mit Methodenpool. Weinheim/Basel: Beltz.

Reich, K. (Hrsg.) (2009): Lehrerbildung konstruktivistisch gestalten. Wege in der Praxis für Referendare und Berufseinsteiger. Weinheim/Basel: Beltz.

Reich, K. (2010): Systemisch-konstruktivistische Pädagogik. Einführung in die Grundlagen einer interaktionistisch-konstruktivistischen Pädagogik. Weinheim/Basel: Beltz.

Reiser, H./Dlugosch, A. (1998): Einführung in die Themenzentrierte Interaktion. Hagen, Fernuniversität.

Rohr, D. (2004): Das Systemisch-Humanistische Konzept AID: Analysen Innerer Dialoge. Ein interdisziplinärer Beitrag zur Erforschung intra- und interpersonaler Kommunikation in schwierigen Situationen. Dissertation Universität zu Köln.

Rohr, D./Roth, H.-J. (Hrsg.) (2012): Bildungswissenschaften: Das Kölner Modell von der Erprobung zur Implementierung. Münster: Waxmann.

Sassi, M. (2001): Teaching Practice in the course of teacher training – The use of portfolio in teacher training, especially in special education teacher training. In: www.osi.hu/iep/Workshops/200107GeorgiaTT/Markku%20Sassi.rtf (Stand: 20.11.2010).

Schaarschmidt, U./Kieschke, U. (Hrsg.) (2007): Gerüstet für den Schulalltag. Psychologische Unterstützungsangebote für Lehrerinnen und Lehrer. Weinheim/Basel: Beltz.

Schlippe, A. v./Schweitzer, J. (2007): Lehrbuch der systemischen Therapie und Beratung I. Göttingen: V & R.

Schön, D. (1983): The Reflective Practitioner. How Professionals think in Action. New York: Basic Books.

Schulz von Thun, F./Stegemann, W. (Hrsg.) (2008): Das Innere Team in Aktion. Reinbek: Rowohlt.

Schumacher, E.F. (1973): Small is Beautiful: Economics as if People Mattered. London: Harper Perennial.

Sparrer, I./Varga von Kibéd, M. (2010): Klare Sicht im Blindflug. Heidelberg: Carl-Auer.

Teml, H./Teml, H. (2011): Praxisberatung: Coaching und Mentoring in pädagogischen Ausbildungsfeldern. Innsbruck,/Wien/Bozen: StudienVerlag.

Terhart, E. (1994): Lehrer/in werden – Lehrer/in bleiben: berufsbiographische Perspektiven. In: Mayr, J. (Hrsg.): Lehrer/in werden. S. 17-46. Innsbruck: Österreichischer Studienverlag.

Vereinte Nationen: Übereinkommen über die Rechte von Menschen mit Behinderungen. In: http://inkoe.de/information/information_detail.php?thema_id=5&eintrag_id=26#information_inhalt (Stand 13.10.2011)

Wade, R.C./Yarbrough, D.B. (1996): Portfolios: A tool for reflective thinking in teacher education? Teaching and Teacher Education 12 (1), 63-79.

Wildt, J. (1995): Reflexive Lernprozesse. In: Hänsel, D./Huber, L. (Hrsg.): Lehrerbildung neu denken und gestalten. S. 91-107. Weinheim/Basel: Beltz.

Williams, M./Teasdale, J./Segal, Z./Kabat-Hinn, J. (2009): Der achtsame Weg durch die Depression. Freiburg: Arbor-Verlag.

Zentrum für Lehrerbildung der Universität Kassel (2008): Manual zur Durchführung eines zweitägigen Seminars „Psychosoziale Basiskompetenzen für den Lehrerberuf. Oktober 2008". Kassel.

Quellen im Internet

http://www.dbb.de/fileadmin/pdfs/projekte/lehrerstudie_fragebogen_fit.pdf (Stand 03.07.2012)

http://www.fachportal-paedagogik.de/fis_bildung/fis_form.html (Stand 03.07.2012)

http://www.schulministerium.nrw.de/BP/Schulrecht/Lehrerausbildung/OVP_vom_10__April_2011.pdf, S.9 (Stand 26.05.2012)

http://arbeitsblaetter.stangl-taller.at/KOMMUNIKATION/Feedback.shtml (Stand 26.05.2012)

Autorinnen und Autoren

Dr. Birgitt Aldermann ist Lehrbeauftragte an der Universität Köln, Fachleiterin für Biologie und Kernseminarleiterin am ZfsL Köln Seminar für das Lehramt an Gymnasien und Gesamtschulen, Lehrerin am Städt. Humboldt-Gymnasium Köln und Moderatorin beim Institut für Teamarbeit. Ihre Arbeitsschwerpunkte sind Didaktik der Biologie sowie selbstorganisiertes und kooperatives Lernen.

Dr. Bettina Amrhein ist Grund- und Sekundarstufenlehrerin und begleitet als Erziehungswissenschaftlerin Akteure aller Schulformen in ihren inklusiven Schulentwicklungsprozessen. Dabei richtet sie auch ein besonderes Augenmerk auf internationale Entwicklungen und Standards im Bereich schulischer Inklusion. Zurzeit arbeitet sie als Koordinatorin für Inklusion am Zentrum für LehrerInnenbildung der Universität zu Köln.

Elke Barausch-Hummes ist Lehrbeauftragte an der Universität zu Köln, vormals Fachleiterin für Englisch und Hauptseminarleiterin am Studienseminar Köln. Ihre Arbeitsschwerpunkte sind Didaktik der englischen Sprache und Literatur sowie American Studies.

Helga Daniels ist Diplom-Pädagogin, Supervisorin DGSv und Lehrbeauftragte an der Universität zu Köln: Vorbereitung und Begleitung des Orientierungspraktikums. Mehr Infos unter: www.helga-daniels.de

Dr. Saskia Erbring ist Supervisorin, M.A. (DGSv), Sonderpädagogin und Lehrerin für die Sekundarstufe. Sie arbeitet in der LehrerInnenaus- und -fortbildung mit Angeboten zur Teamentwicklung, Gesundheitsförderung und Inklusion. Mehr Infos unter www.praxis-erbring.com.

Alois Finke ist Lehrbeauftragter zur Begleitung des Orientierungspraktikums an der Universität zu Köln, Mitglied der Leitungsgruppe und Fachbereichsleiter für außerschulische Jugendbildungsseminare im Fachbereich Schulen der Jugendakademie Walberberg (www.jugendakademie.de). Er ist freiberuflich tätig als Supervisor (DGSv), Lehrsupervisor und Coach.

Dr. Christian Hawellek ist Diplom-Pädgagoge, lizenzierter Marte-Meo-Supervisor, Kinder- und Jugendlichenpsychotherapeut, Gestaltpsychotherapeut (FPI) sowie Erziehungs-, Ehe- und Familienberater. Er hat Lehrtätigkeiten an verschiedenen psychotherapeutischen Ausbildungsinstituten, ist Lehrbeauftragter der Universität Osnabrück und Leiter des Norddeutschen Marte-Meo-Institutes (www.nmmi.de).

Annette Hummelsheim, Supervisorin DGSv und SG, ist stellvertretende Leiterin des Praktikumszentrums (PZ) an der Humanwissenschaftlichen Fakultät (HF) der Universität zu Köln und im Arbeitsbereich Career Service & Beratungsforschung tätig. Sie war 20 Jahre als Studienrätin an einer Fachschule für Sozialwesen tätig.

Meike Kricke ist als wissenschaftliche Mitarbeiterin am Zentrum für LehrerInnenbildung der Universität zu Köln in dem Bereich „Portfolioarbeit und berufsbiografische Beratung" tätig. Zudem ist sie ausgebildete Grundschullehrerin und Trainerin in der berufspädagogischen Weiterbildung.

Dr. Paul Köppler hat Philosophie studiert und lehrt Meditation und Achtsamkeit. Er hat Ausbildungen in Methoden der Humanistischen Psychologie und ist verantwortlich für den Verein Buddhismus im Westen und seine Zentren (Waldhaus, Haus Siddharta) und ist freiberuflicher Autor.

Kathrin Meiners ist wissenschaftliche Mitarbeiterin im Arbeitsbereich Bewegungserziehung und -therapie an der Humanwissenschaftlichen Fakultät der Universität zu Köln. Sie ist Marte-Meo-Supervisorin i.T., Erzieherin, Sonderpädagogin und Fortbildnerin in Früh- und Förderpädagogik. Im Kölner Institut für Beratung und pädagogische Professionalisierung hat sie die Marte-Meo-Weiterbildungsleitung inne (http://www.koelner-institut.de).

Prof. Dr. Kersten Reich vertritt den Forschungs- und Lehrbereich „Internationale Lehr- und Lernforschung" an der Universität zu Köln. Seine Arbeitsschwerpunkte sind Konstruktivismus und Kulturtheorien, konstruktivistische und systemische Pädagogik und Didaktik. Mehr Infos unter: http://www.hf.uni-koeln.de/30582.

Dr. Dirk Rohr, Supervisor DGSv, ist Geschäftsführer der Humanwissenschaftlichen Fakultät. Er ist als Akademischer Direktor Leiter des Zentrums für Hochschuldidaktik, des Praktikumszentrums, des Arbeitsbereiches Career Service & Beratungsforschung sowie des Studierenden-Service-Centers und des Prüfungsamtes für die lehramtsbezogenen Studiengänge. Mehr Infos unter http://www.hf.uni-koeln.de/31439.

Ingmar Schindler studiert Lehramt für Sonderpädagogik an der Universität zu Köln. Von 2009 bis 2011 war er Student im Innovationsprojekt Modellkolleg Bildungswissenschaften. Er ist Autor von Artikeln zu systemischen und konstruktivistischen Lehr-Lern-Methoden.

Ruth von Lillienskiold ist Supervisorin (DGSv), Diplombiologin und Gymnasiallehrerin. Sie ist diplomiert in TZI, arbeitet freiberuflich in Bonn in der Beratung Einzelne, Teams und Organisationen und hat einen Lehrauftrag an der Universität zu Köln für die Begleitung des Orientierungspraktikums.

Band 1

Dirk Rohr, Hans-Joachim Roth (Hrsg.)

Bildungswissenschaften: das Kölner Modell von der Erprobung zur Implementierung

2012, 140 Seiten, br., 14,90 €

ISBN 978-3-8309-2721-1

Das „Kölner Modell der Bildungswissenschaften in allen Lehramtsstudiengängen" wurde vom WS 2009/2010 bis einschließlich SS 2011 in Form des „Modellkollegs" erprobt und evaluiert. Das Rektorat der Universität ermöglichte mit großem finanziellem Aufwand dieses Pilotprojekt für ca. 50 Studierende. Die Erfahrungen, die in diesem Band dokumentiert sind, waren richtungsweisend für die Implementierung. An der Universität zu Köln werden jährlich ca. 1.000 Lehramtsstudierende aufgenommen; seit dem WS 2011/2012 nun in den Bachelor- und Masterstudiengängen. Semester für Semester werden nun die Module des hier beschriebenen neuen Modells implementiert. Wenn die ersten Masterabsolventinnen und -absolventen die Universität verlassen, werden alle ca. 10.000 Studierende mit Lehramtsausrichtung nach den hier vorgestellten Modulen, Methoden, Leitbildern etc. studieren.

WAXMANN

Münster · New York · München · Berlin